お伊勢講１

１．お伊勢講宿決めの御籤取り

２．御籤取りで、誰の家が宿になるのか見つめる

３．御籤確認と同時に太鼓が鳴らされ、ネーシの神楽が始まる

お伊勢講２

4．ネーシの神楽の後、宴が催される

5．新しい宿に託される

6．宿に別れの挨拶。次の宿へ出発する

7．道中

8．新しい宿へ到着

9．新しい宿に入る

10．新しい宿の神棚に納める

11．新しい宿に無事納まる

祭祀と神社１

１．ソンジャでゴス(御炊)祭りをするホンボーイとダイクジ

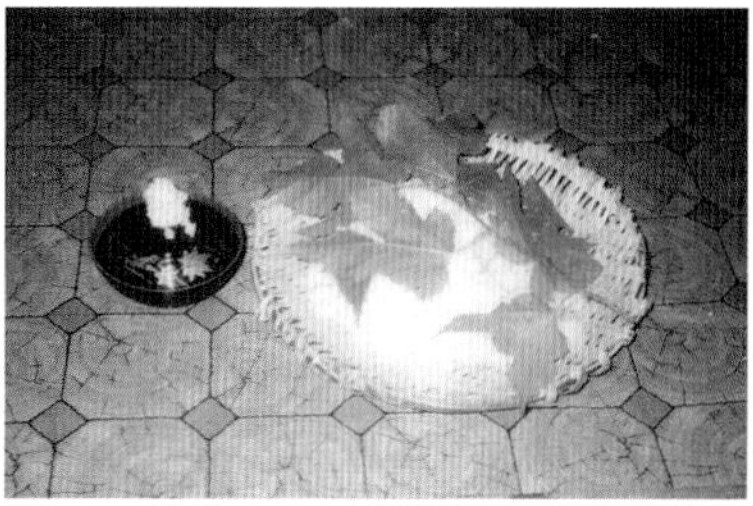

２．神役の家に届けるゴス。桑の葉を載せる

３．八月祭りの粽

４．神楽太鼓とバチ、下は左からテブヨシ、ネーシの数珠とガラガラ

５．八幡神社入口の鳥居

6．社殿前の竹棚。上の竹棚は太鼓を置く棚、次の棚はネーシがノトと神楽を上げる棚

７．ゴス樽は３番目の社殿下の竹棚に置く

８．ゴスを漉し甘酒を造る。笊のゴスの中に桑の葉が見える

祭祀と神社２

9．坂森神社入口

10. 坂森神社で四月祭りの準備をする神役。日の丸旗の下に弊掛け鳥居

11. 金山の神社入口の鳥居

12. 金山の神社社殿

13. 社殿内。祭殿の小さな鳥居は以前はなかった

14. 茅引き小宮で土祭りをするホンボーイ

15. 木の根元に祀られた小宮

16. 枇榔樹のある小宮

17. 枇榔樹林の中の東の宮

祭祀と神社３

18. 寄船神社入口の鳥居

19. 寄船神社社殿

20. 泊頭神社入口の鳥居

21. 泊頭神社社殿

22. エビス神社入口の鳥居

23. エビス神社社殿

先祖の祭りと神々の祭り

オヤダマ（親霊）に持たせる土産

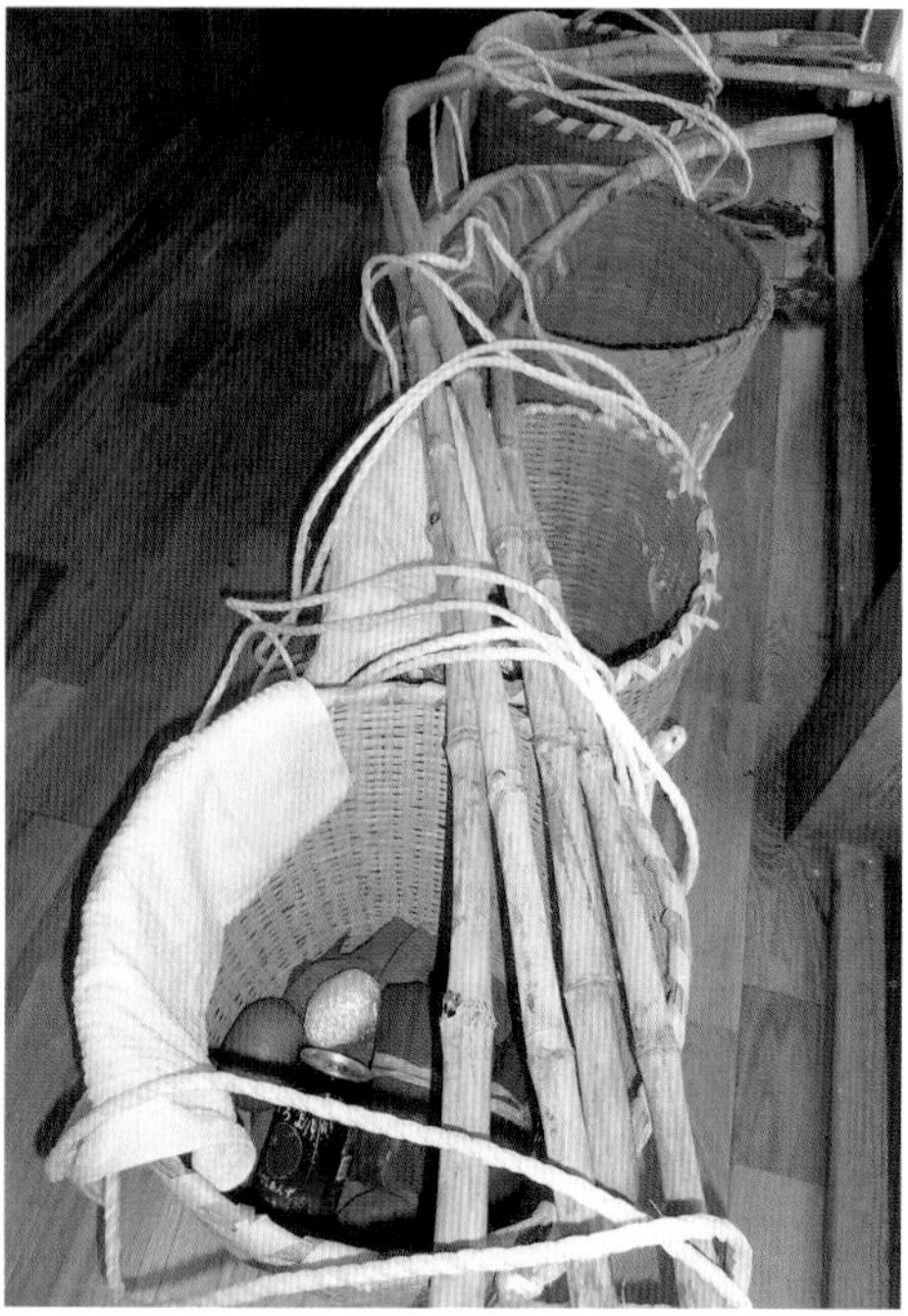

1．土産を入れたテゴとサトウキビ

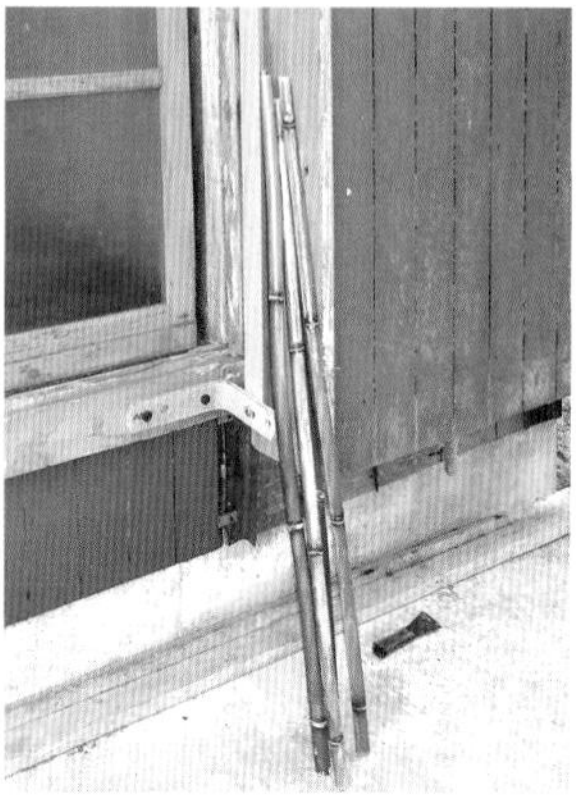

2．竹杖

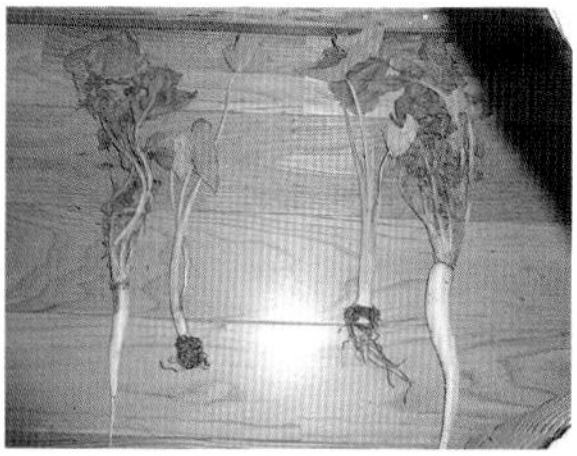

3．テゴの奥に大根と里芋

神々の祭り・ヒチゲーの魔除け

4．出入り口に置かれる魔除けのイバシ掛け

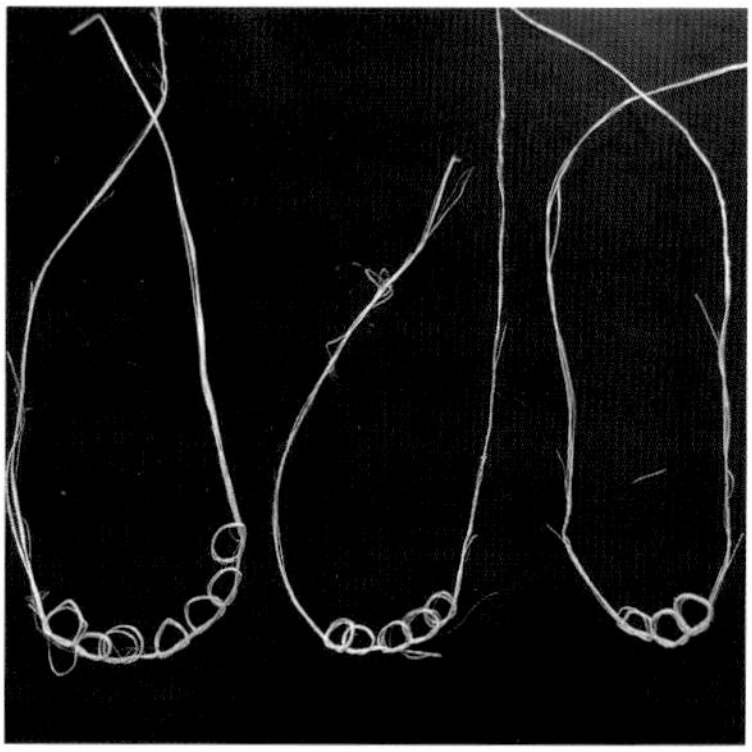

5．身につける魔除けの7・5・3の符結

ボゼ１

1．Kreiner Josef 撮影 1963。復刊『南西諸島の神概念』（1999）より

2．鳥越皓之撮影。『トカラ列島社会の研究』（1982）より

3．下野敏見撮影 1965。『トカラ列島民俗誌』（1965）より

ボゼ2

4．2008 年、筆者撮影前姿

5．2008 年、筆者撮影後姿

6．ボゼの手足首に巻くシュロ毛。シュロ縄用にシュロを栽培していた頃はボゼの体幹部はシュロ毛で蓑を作って覆っていた

悪石島民俗誌

—村落祭祀の世界観—

渡山恵子

南方新社

本書を推薦します

大阪大学ＣＯデザインセンターセンター長　池田光穂

私は、渡山恵子さんの標記の原稿に当たる草稿を読み、これまで半年間にわたり執筆に助言を行ってきました。渡山さんとは放送大学大学院にて論文指導してきた縁により二十数年にわたり知己を重ねてきました。研究者としても、正義感に満ち、つねに悪石島のみならず十島村の過去、現在、未来の人たちのことを想っておられる方です。

さて、人はなぜ共同社会の中で祭り事をするのでしょうか、序文の中で筆者は問いかけます。民俗学資料の多くが、民俗行事の紹介や断片的な情報による比較や分布に視点をおいて報告されてきたのに対し、本書は村落祭祀を行う人に関心を向けます。地域で行われる村落祭祀は、日常の暮らしの延長線上で暮らしと共に存在し、育まれ、伝承されてきました。

本書は、人間が何を考え民俗行事を行ってきたのか、共同体における村落祭祀の役割とは何なのか、そこに暮らす人々が紡いだ祭り事の世界観を、悪石島を事例に考察するものです。本書の特徴は、悪石島の祭祀文化を理解する基礎情報として、地域の概観、巫女の存在とその役割、神々と聖地、祭祀組織について詳細に説明し、祭祀に対峙する住民の姿を詳細に記述することによって、祭りの文脈を表出させていることです。祭祀と向き合う人の精神世界や祭り事の世界観は、人間の精神史でもあり生活誌でもあるのです。

序文

鹿児島郡十島村悪石島の研究調査を始めたきっかけは、大学の卒業論文である。私は看護師として働きながら慶応義塾大学の通信教育課程で学んでいた。当時、十島村の古名である七島（トカラ列島）の歴史・民俗に興味があり、七島をフィールドに研究しようと決めていた。何を研究の主題にしようかと思案していたとき、思い浮かんだのが子供の頃に悪石島で目にしていた、病気の祓い等に活躍するネーシ（内侍・巫女）の姿だった。地元では既に現役ネーシとして活躍するネーシはいなかったが、高齢のネーシ経験者は健在だった。

研究の主題をネーシに決めた私は、特に病気の祓いについては近代医療との関係の中で検討してみたいと考えた。一九八二（昭和五十七）年冬から研究に着手し、一九八三（昭和五十八）年から一九八四（昭和五十九）年にかけて調査を行い、「悪石島のネーシに関する民俗学的考察―特に近代医療との関係について―」をまとめた。この研究では自然環境・生活環境の厳しい無医離島で、シャーマンであるネーシが病気の祓いに限らず、島の暮らしに欠かせない重要な存在であったことが分かった。

悪石島の調査を再開したのは二〇一三（平成二十五）年である。地元の研究会に所属し、活動するかたわら、いくつかの思いが芽生えてきた。人はなぜ共同社会の中で祭り事をするのだろうか。地域で行われる個々の祭り事を、それぞれ独立・完結した民俗行事とする捉え方では、その世界観を知ることはできないのではないだろうか。地域で行われる祭り事には連続性がある。そこに暮らす人々が紡いだ祭り事の世界観は、祭りの中に文脈として流れているはずである。それは祭り事を行う側の目線まで下りて観察しなければ見えてこないのではないだろうか。祭り事の文脈は地元の文脈で読む。それを知りたいという思いが芽生えた。

一つの地域を取り上げ、そこで行われている村落祭祀全体を把握することで、見えてくるものがあるのではないかと考え、私はその事例として悪石島を取り上げることにした。その理由は、小離島という小さな単位の地域で全体像が把握しやすいこと、近年まで古い民俗行事が比較的良く伝承されていたこと、筆者が中学生まで過ごした場所であり、卒業論文のフィールドであり、情報の蓄積があったことなどである。当時お世話になった方々は既に故人となっていたが、卒業論文の研究調査で得た情報を基礎に、聞き書き対象を島外に暮らす高齢の出身者にも広げた。調査の詳細はその都度、地元の研究誌に報告した。

調査を積み重ねていく中で、かつての調査ではよく分からなかったことが判明するなど、新しい知見を得ることもあった。またこれまで得た情報の誤解に気づくこともあった。話し手の背景にある映像と聞き手の背景にある映像が同じだとは限らない。聞き書き調査では、互いに思い込みや先入観が入ると誤った解釈をしてしまう危険性がある。また高齢者の場合、記憶をたどりながらの作業故、違う情報をきっかけに生き生きと思い出す場合もある。調査の継続と丁寧な聞き書きの必要性を実感した。

悪石島の生活背景の年代は現在ではない。現代の生活には欠かせない電気・ガス・水道・通信・道路・港湾・医療体制等が整備される以前、百名を超える人口があり、多くの年中行事が行われ、結いの共同体で暮らしていた時代の島の生活事象である。悪石島の事例を通して、そこに暮らす人達が何を願い、何を祈り、何を考え、祭り事を作り、行ってきたのか、祭り事を行う人の精神世界や世界観、自然と共生しながら暮らしていた時代の素朴な感性に触れることができればと思う。

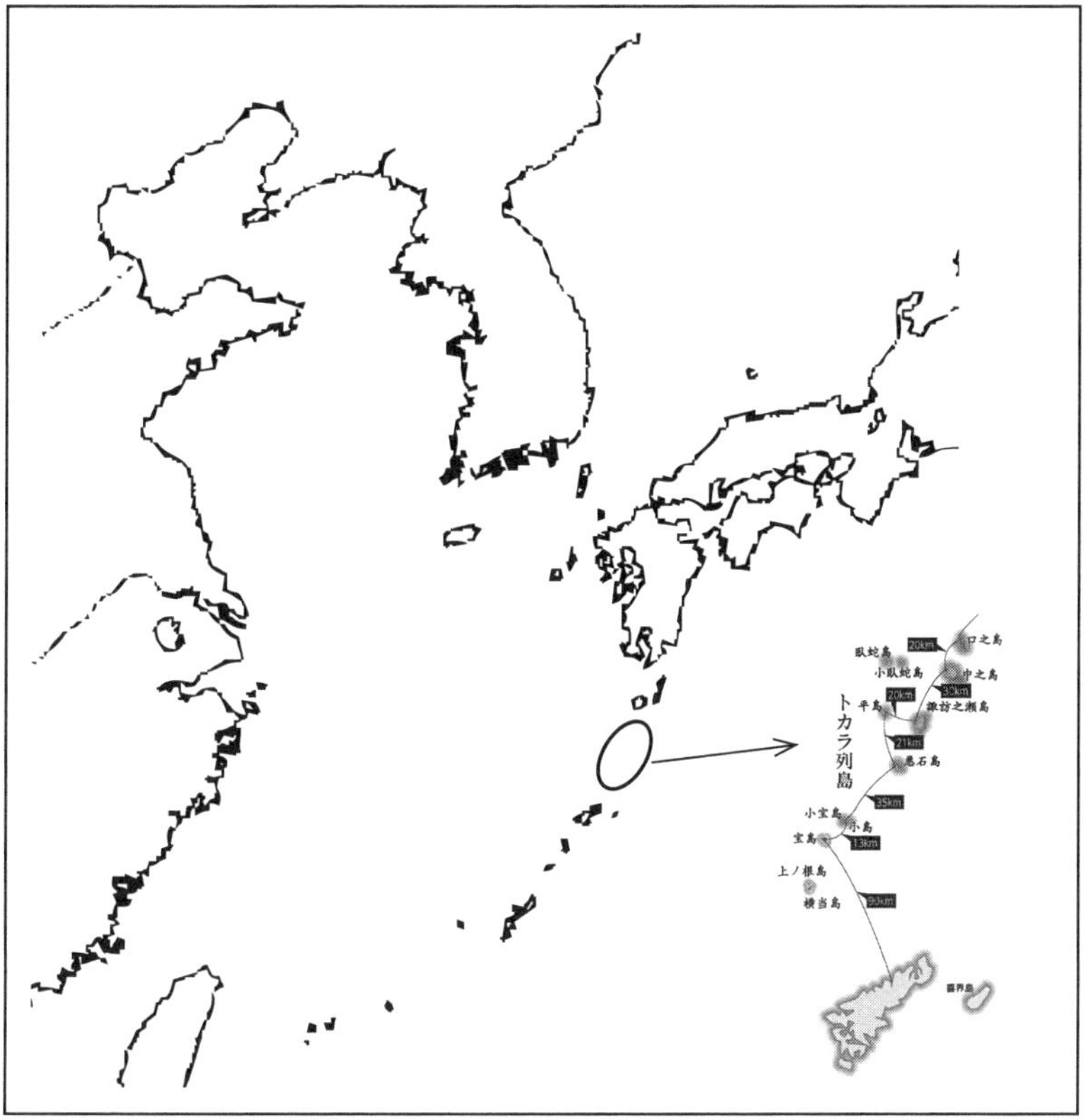
口之島
臥蛇島
小臥蛇島
中之島
20km
30km
トカラ列島
平島
20km
諏訪之瀬島
21km
悪石島
35km
小宝島
小島
宝島
13km
上ノ根島
横当島
90km

トカラ列島位置

悪石島民俗誌——村落祭祀の世界観——目次

第一部　悪石島の概観

第一章　歴史的、地域的特性

悪石島は鹿児島県の南、種子島・屋久島と奄美大島の間に帯状に連なる小離島群の一つである。これらの島々は地図上にはトカラ列島と記されている。北から口之島・中之島・臥蛇島（無人島）・平島・諏訪之瀬島・悪石島・小宝島・宝島と、八つの島が一三〇kmにわたって連なる。一番大きな中之島で面積三四・二㎢、一番小さな小宝島は〇・九八㎢である。

臥蛇島は一九七〇（昭和四十五）年に集団離島を強いられ無人島になった。社会基盤を維持できないほどに人口減少が進んだことが原因である。諏訪之瀬島は一八一三（文化十）年の御岳の大噴火により全島民が避難し無人島になったが、一八八三（明治十六）年、奄美大島出身の藤井富伝氏が入植・開拓し、移住者によって復活した島である。

行政上の名称は鹿児島郡十島村である。二〇一八年十月一日市町村勢一覧による有人七島の人口は四二六世帯七六六人である。役場は群島内ではなく、鹿児島市内に在る。定期船フェリーとしまが鹿児島市と名瀬市間を週二回就航しており、フェリーは各島に寄港しながら往復する。村営航路は一九三三（昭和八）年に開設された。

これらの島々は、廃藩置県の頃までは川辺郡に所属し川辺七島と呼ばれていた。七島とは、口之島・中之島・臥蛇島・平島・諏訪之瀬島・悪石島・宝島の総数である。小宝島は宝島の属島と見なされていた。行政上の名称である十島村は、上三島の竹島・硫黄島・黒島と合わせて十島村であったことに由来する。上三島の竹島・硫黄島・黒島と合わせた川辺郡十島は、一八八五（明治十八）年に川辺郡のまま大島島庁（奄美大島）の管轄となり、一八九七（明治三十）年に大島郡に編入された。第二次世界大戦終戦後、北緯三十度線分断により、下七島は米軍統治下に置かれたため、上三島は鹿児島県の管轄に編入され、下七島は大島諸島と共に米国軍政府下に統合された。

一九五二（昭和二十七）年下七島の日本復帰により、上三島は大島郡「三島村」、下七島は十島村名を継承し大島郡「十島村」として分村発足した。しかし、地理的・文化的事情等による住民の希望もあり、一九七三（昭和四十八）年に両村とも鹿児島郡に編入される。管轄区域の幾多の変遷は歴史的にも微妙な位置づけを印象付ける。

種子島・屋久島と奄美大島の間に帯状に点在する七島の島々は、古くから海上交通の道標となってきた島々であった。十島村誌「中世のトカラ」の章には、一四七一年に朝鮮の申叔舟が著した「海東諸國記」記載の「日本國西海道九州之圖」が掲載されている。この地図には七島の島々の名が記されており、七島の島々が古い時代から外国に知られていたこと、そして琉球と九州・本州・朝鮮との通商や、朝貢の航路標識となっていたことが指摘されている[1]。

七島の島々が連なる海域は七島灘で知られる海の難所である。「一週間、西ん風が吹けば、十島（七島）には唐人の帆船が流れ着いた」。Tさん（一九〇八（明治四十一）年生まれ）が話した伝承である。戦時中に奄美大島の名瀬行きの運搬船が台風の影響を受けて打ち上がった話や南方への軍需物資輸送船が遭難した話等も伝わる。

さて、七島の歴史には、七島海域を良く知る七島衆が薩摩と琉球間を自由に行き来する交易集団として活躍していたとする見解がある。[2] 七島の交易活動については、薩摩藩が七島中銀子持衆から借銀しようとした史料[3]の存在等を通して唐との交易があったことも指摘されている。

また、七島には片足は琉球に属していた時代があるという伝承がある。「琉球國由來記巻八　那覇由來記」[4]に次の記述がある。

若狭町小名

トカラ小路（往昔、トカラノ島、當國ノ御手内之時、彼邊ニ宿シタルトナリ。故ニカク云トゾ）

七島は琉球と交流があった。一方で、豊臣秀吉の朝鮮侵略の際には仕立船を以って、島津氏に奉公し、薩摩藩の琉球侵攻（一六〇九（慶長十四）年）の際には、七島衆は薩摩藩の水先案内を務めている。[5] 風を読み、海を良く知り、薩摩と琉球間を自由に行き来する七島衆の存在は、薩摩藩にとっては有用な存在であったと推測できる。しかし、交易活動が禁止され、薩摩藩支配下に組み込まれた七島は、その力を失う。幕藩体制の弱体化と明治維新による政治的混乱の中で七島の存在は忘れさられた。管轄区域の幾多の変遷には、既に有用な島々ではなかったことが推測できる。

七島は流刑人の島々でもあった。悪石島には、遠島《えんとう》畑の名や和尚の伝承、処刑場伝承、墓石等が痕跡として残る。墓石によって氏名が判明しているのは、薩摩藩武士「西村三十郎」である。墓を管理していたK家が島を引き上げる際に墓仕舞いをしているため、藪の中の墓石は確認できないが、早川孝太郎により墓石の銘文[6]が報告されている。

明治時代の七島を知る記録には、白野夏雲『七島問答』[7]、赤堀廉蔵『島嶼見聞録』[8]、笹森儀助『拾島状況録』[9]がある。特に大島島司として約三カ月をかけて視察した、笹森儀助の『拾島状況録』には、当時の七島の島々の生活状況が客観的に整理されて記録されている。その詳細な記録からは厳しい生活環境と窮状振りが伺える。七島の置かれた状況は、一九三四（昭和九）年に渋沢敬三の一行が記した薩南十島の調査報告や、翌年に早川孝太郎が行った悪石島の調査報告にも変わりはない。早川は「この日本の内地の中で最も恵まれぬ土地、文化に置き去られた島と言えるだろう」と書いている。[10] 七島の島々は第二次世界大戦後まで「忘れられた島」の状況が続く。

二〇一八年五月、卒業論文の研究調査でお世話になった、悪石島の（故）Sさん（一八九九（明治三十二）年生まれ）の実家を訪ねた際に、思いがけず笹森儀助の情報に接した。娘のマサ子さん（一九三七（昭和十二）年生まれ）とSさんの思い出話をする中で、「母が寝たきりになってから、寝床の中で歌っていた歌がある。あなたの論文の中に出てくる笹森儀助のことだろうか」と次のような歌を教えてくれた。

そもそも我々十島は不便に思いし島なれど
頃は日清戦争のそのさかえ、頃は六月半ば頃
笹森とうし（島司）わざわざと十島村民の保護のため
御自らと回られて　それから年々おこたらず
お医者や官吏を遣わせて　これ有り難き事なれど

「二番、三番もあったのだけど、思い出さないな」と言いながら歌っていたそうである。この歌詞からは、笹森儀助が単なる視察にとどめることなく、行政官僚としての責務を果たそうとしていたことが伺える。

トカラ列島はその地理的位置から、文化的にはヤマト文化圏と琉球文化圏の境界域、生物学的には北限と南限の境界域にある地として関心が持たれている。文化的な大きな違いは言語である。トカラ列島の方言は本土方言、つまり薩摩方言である。生物学的には北限と南限の植物や生物が混在する。また、悪石島と小宝島の間には渡瀬線があり、小宝島はアダンや猛毒蛇ハブの北限である。

七島の島々は火山島でもある。各島に硫黄山や温泉がある。悪石島では港の西側に硫黄噴気孔や温泉、枇榔樹林が広がり、一帯は湯泊温泉公園地となっている。

第二章　集落と共同体

一　自然環境と生業

悪石島は面積七・四九㎢、周囲一二・六四㎞の小さな島である。位置的にはトカラ列島の中間に位置する。鹿児島市からは約三〇〇㎞、奄美大島の名瀬市からは一三八㎞に位置する。鹿児島港から悪石島までの所要時間は約十時間三十分、悪石島から名瀬港までの所要時間は約五時間である。

一番高い山で五八四ｍ、平坦な場所が少なく、全島を竹林が覆っている。船が島に近づくに従って切り立った断崖が目の前に迫り、山が直に海に接している様相がある。僅かに海岸を成している場所には大小の石が転がり、砂浜は全く見当たらない。港も同様である。定期船が接岸できない旧港の時代は、沖がけの定期船とはしけ（艀）で往復し、人の乗降や物の運搬をしていた。現在は港湾が整備され、定期船の接岸や近海を航海する漁船の避難港にもなっている。飛魚漁が盛んだった頃は、港沿いに飛魚小屋が並んでいた。

集落は、港から見上げる山の麓に浜集落があり、そこから更に車で東南に十分程上ると本集落がある。両集落共、山の麓のなだらかな傾斜に段差をつけて家が建てられている。浜集落は一九一五（大正四）年頃にできた新しい集落である。島の東側にも集落があったが、本集落に移転合併したという伝承がある。移転時期についてははっきりしないが、一九三五（昭和十）年に訪島した早川孝太郎の「悪石島見聞記」に、古老の談として「約百年ほど前と言う」[11]とある。江戸時代後期天保初期の頃だろうか。

白野夏雲『七島問答』、赤堀廉蔵『島嶼見聞録』、笹森儀助『拾島状況録』には、それぞれ悪石島の特徴として集落内の清潔と庭の築山や花卉を指摘している。たとえば白野夏雲や笹森儀助は次のように記している。

「時々掃除ノ痕見ルヘキモノアリ是此七島ノミナラス薩隅両州ノ諸島ヲ并セテ第一位ニ置クヘキノ村落ト云フヘシ賞セサルヘカラス又近年肥後州ヨリ来ル流刑人アリ築山ヲ好ミ其身ノ閑ナルニ乗シ村人ノ為ニ園ヲ築キ近来漸ク一村ノ風ヲナシ殆ント毎戸ニ及ハントス」引用は白野（一八八四：七九）。

「村落ノ清潔ナル事拾島ニ冠タリ。生垣を植エ常ニ之ヲ剪、且ツ庭ヲ造リ花卉ヲ植フル等ハ本島外之ヲ視ルヲ得ス」引用は笹森（一八九五：二六三）。

この風景は現在まで続く。道路が未舗装だった一九六〇年代半ば頃までは、日曜日の朝になると小中学生全員が集落の班毎に集まり、集落内道路を掃いていた。集落内の清潔が保たれたもう一つの理由は、村落祭祀の際に行う道作りである。ほぼ毎月行われる村落祭祀の前には必ず神社等に向かう道路の薮を払い整える。また共同墓地に隣接する寺跡は、寺掃除と称し毎月草払いが行われる。庭にツツジ等の花卉を植える庭作りの習俗は、白野夏雲の記録から流刑人によって導入され根付いたことが分かる。

鹿児島県本土では屋敷内に水神や屋敷神を祭る所が多いが、悪石島では屋敷内ではなく集落内に神々を祭る小宮《こみや》や神山が点在する。

悪石島には川がない。集落内に水源地がないため、水道が整備されるまでは集落から離れた湧水地まで水汲みに行くのが日課であった。

かつての主要穀物は焼畑による粟の栽培、畑作で裸麦・小麦・陸稲・カライモ（甘藷）・里芋等が栽培されていた。焼畑はアオヤマキリ（青山・粟山伐り）と言い、竹を伐り倒し、火を付けるときには「山を焼くぞー、虫もケラも逃げよー」と触れてから火を付けたそうである。早川孝太郎の報告に、言い慣わしとして「百合が蕾を持つと粟を撒く」とある。[12] 播種後は種に土が被るように竹棒でかき混ぜ、後はタカベ（竹の新芽）を切るぐらいで、秋の収穫まで放置した。島に竹林が多い理由はかつての焼畑によるものだと言われる。かつての焼畑の一部は、現在大名筍《だいみょう》（リュウキュウチク）の収穫地となっている。

自給自足の生活の中で、島の主な現金収入源は鰹漁と飛魚漁であった。藩政時代の年貢品は鰹節や鰹の煎じ・塩辛である。七島で生産される鰹節は質が良く七島節として有名だった。島で唄い継がれた民謡には、鰹の大漁を唄った歌詞が多い。鰹漁が盛んだった頃は浜に小屋を持ち、鰹節を製造し、奄美大島の名瀬市や鹿児島市まで売りに行っていたそうである。その後、昭和四十年代までは飛魚漁が最盛期で、唯一のまとまった現金収入源となっていた。現在の主要産業は畜産である。畑地が放棄され、放牧地となっている。

二　人口の推移

十島村誌[13]を参考に人口の推移を上げてみる。一七五一（寛延四）年から一七六三（宝暦十三）年一一七人、一八七九（明治十二）年二七戸一一八人、一八九七（明治三十）年二八戸一三七人、一九一〇（明治四十三）年三四戸一六五人、一九二七（昭和二）年三一戸一九二人、一九四〇（昭和十五）年二八戸一一四人、一九五一（昭和二十七）年三三戸一八六人、一九六五（昭和四十）年三三戸一五八人、一九七三（昭和四十八）年二八戸九四人、一九九二（平成四）年二九戸五六人、二〇一八（平成三十）年三五戸七三人である。二〇一八年の戸数・人口はＩターン者を含む。

人口は明治の半ば頃から徐々に増加している。一八七九（明治十二）年と一九一〇（明治四十三）年を比較すると、戸数が七戸、人口四七人が増加している。これは七島全体の傾向である。この要因にはおそらく笹森儀助の視察と尽力が影響しているものと推測する。笹森の訪島を伝える歌詞には「笹森とうし（島司）わざわざと、十島村民の保護のため、御自らと回られて、それから年々おこたらず、お医者や官吏を遣わせて」とある。人口が増えた時期は、笹森の視察以降である。公衆衛生等の生活改善があったのではないかと推測する。

一九三九（昭和十四）年から一九四四（昭和十九）年の間は戸数・人口とも減少している。人口減少は第二次世界大戦前からである。八十代の生存者に人口減少の記憶はなく、その理由は分からない。その後は再び増加に転じ、一九五六（昭和三十一）年に戸数三七戸一八九人となる。この年をピークに徐々に減少する。一九七三（昭和四十八）年に一〇〇人を切り、現在に至る。

三　集落の構造

本集落である上集落を村《むら》、浜集落は浜《はま》と言っていた。集落は四班に区分けされ、班で協力して動くことも多かった。本集落は集落の中央を走る側溝から上をウエブラ、下をシタブラと言っていた。七所《ななところ》と呼ばれる旧家と他三軒の旧家は側溝を挟んだ上下に集中している。七所の家はトンチ、シモドンチ、ニシノエ、ハシヨテ、屋号不明の家三軒である。他の旧家はシタンエ、ミチバタ、屋号不明の家一軒である。これらの家は村落祭祀においては重要な位置づけがされている。

トンチは神屋敷と認識されており、最も家格の高い家とされる。シタンエはホンボーイ（本祝）の世襲家である。どちらも村落祭祀においては重要な家である。七所では四月祭りと八月祭りに「七所の呼ばれ」の火の神祭りが行われる。ニシノエとミチバタでは旧盆の最終日に庭戻しの踊りが奉納される。現在、これらの旧家屋敷は三軒だけが継承されている。

かつての家屋は母家《おもや》と釜家《かまえ》、他に釜小屋があり、豊富にあるリュウキュウチクの笹で屋根を葺き、古い時代は割竹を編んだ竹壁だった。母家の大きな柱や鴨居、板障子等は中之島からヒトツバ（犬槇）の木を求めて使用する家もあった。

各家には家印があり、食器類から墓の花立てに至るまで、家印を印していた。葬儀などで大勢を招待するときは食器類の貸し借りをする。その時にどの食器が誰から借りた物か判別できる。これは悪石島に限らず、かつての村落社会の多くで行われていた。墓には親類縁者も花立てを立てお参りする。家印によって誰が立ててくれたのか判別できる。

主な婚姻圏は島内・七島内・奄美大島である。遠島人が家族を持つ例もあった。住民は四代遡れば血縁関係で繋がるが、その中にあってそれぞれが近しい親類集団を形成している。特記すべきは奄美大島から配偶者が迎えられても、言語や習慣が奄美大島化されることはなかったことである。奄美大島との婚姻について、笹森儀助の『拾島状況録』に次のような記述がある。

「古来本島、體格健全ニシテ且長大ナリト稱シタリト。然ルニ現今ノ壮年者ヲ視ルニ、何レモ肥幹矮小ナルヲ認ム。本島モ臥蛇島、平島ト同時ニ、大島ト結婚スル事ヲ許サレ、殊ニ本島ハ男子ニシテ来タリ聟養子トナリタル者多数ナリ。體格小ナル原因之ニ出ル乎」。

「本島、風土病ナル者ナシ。然ルニ癩病患者男三名、女一名アリ。土人云フ、本島曾テ此疾病ナカリシカ、大島ト結婚スルニ及ヒ、始テ之ヲ發生シタリト。然ルニ其父母ヲ視ルニ、母ノ血統ハ大島ニ在レトモ、男子ノ血統ハ従來ノ土人ナリ。然シテ本島癩病ノ遺傳ニ依ルヲ知ラサルナキカ如キモ、現今癩病患者ノ生シタル家ヨリ結婚スル従來ノ土人アリ。依之考フレハ、本病従來本島ニ傳來セシニアラサル」引用は笹森（一九七三：二七〇）。

「大島と結婚を許され」ということは、藩に願い出たということである。「殊ニ本島ハ男子ニシテ来タリ聟養子トナリタル者多数ナリ」とある。その背景には海難事故による男子の人口減少があったと考える。海難事故で跡継ぎをなくし、大島から婿養子を迎えた話がある。

また、七島の島々には平家の落人伝説があるが、悪石島には他島の様に系図を持つ家はない。

四　結いの共同体から貨幣経済への移行

神祭り行事はホンボーイ（本祝）が中心となる。集落の自治組織は総代（現在の自治会長）を中心に統制される。集落の諸々のことは集会で決定され実施される。初集会で総代（自治会長）、青年団長、班長、会計を決める。焼畑の山分け（区分）も初集会で話し合われた。これらに参加する年齢は十五歳から六十歳の男子で有賦人《ゆうぶにん》とされる。責任と義務を課された人、島を動かす人々である。人口減少が進むにつれて定年が引き上げられ、六十歳から六十五歳へ、現在は七十歳に延長されている。婦人会は別に組織されている。

自給自足を生活基盤としていた時代は、結いの共同体であった。「オヤデー（役出？）」と「カタメ（固め？）仕事」という個人間の相互扶助で支え合っていた。集落に関係する作業はオヤデーと言い、各家から男の作業人が出た。その際には二人から三人を漁に行かせ、獲った魚は作業終了後に平等に分配された。作業に参加していない男手のいない家や老夫婦の世帯にも平等に分配された。集落作業については現在も自治会で行われている。

カタメ仕事は、個人間で取り決める作業約束である。例えばA氏に新築作業に三日来てもらったら、後日その日数だけA氏にお返しの作業をするというものである。カタメ仕事の日数を記録しておき、作業需要が生じた際にその日数分を返してもらう。これは、一九六五（昭和四十）年頃まで行われていた。このような相互扶助の関係を構築しながら、少人数社会で互いに人手を補っていた。

結いの共同体から徐々に貨幣経済へと移行するのは、第二次世界大戦後の高度成長の波によってである。全国に遅れること十年。ようやく七島の島々にも近代化の波が届き始めた。

悪石島に電気が引かれたのは一九六〇（昭和三十五）年、これは二十四時間送電ではなく時間点灯である。電話開通一九六二（昭和三十七）年、看護師が常駐する簡易へき地診療所が置かれたのは一九六三（昭和三十八）年、各家庭に水道水が届くようになったのは一九六五（昭和四十）年、定期船が接岸できるようになったのは一九七七（昭和五十二）年である。

昭和四十年代に入ると離島振興政策による道路港湾工事、沖縄向け無線中継所建設工事、それらの工事関係者の民宿、大島紬織の導入等によって現金収入を得る機会が増えた。生活の向上はお金と引き替えのものであり、便利な生活を求め、子供に教育を受けさせるためには、当然のこととして経済力が要求される。かつての神中心の悠長な生活スタイルはそぐわないものとなった。経済力、交通事情の改善、生活の向上は神頼みの必要性を減少させたとも言える。同時にカタメ仕事の相互扶助関係も消えた。近代化と並行するように若年人口の流出が加速し、人口減少が急速に進みはじめた。

第二部　村落祭祀を構成する文化的条件

第三章　トカラ列島の巫女「ネーシ（内侍）」

一　はじめに

トカラ列島の巫女が文献上で確認されるのは、一八八五（明治十八）年に赤堀廉蔵が記した『島嶼見聞録』である。口之島の風俗に、「荒神山に石を投げたり、荒神山の木を伐採すると祟りで病を発すと恐れられている。それを祓う巫女が十二三人いる」という記述がある。[14] 巫女はネーシと呼ばれ、有人八島全ての島に存在し、島民の生活に深く関与していた。トカラ列島の民俗事象や生活文化を理解するうえにおいて、ネーシの存在を知ることは不可欠である。

一八九五（明治二十八）年に七島（トカラ列島）を巡回視察した笹森儀助の『拾島状況録』には、疾病の原因が祟りであると考えられており、巫女が疾病の祓いを行っていたこと、出産に関与していたこと、祭祀において神楽舞を奉納していたこと、巫女の神懸かりを祭祀日に「慄ヒ出ス」と表現し、神職や巫女は無報酬であったことなどが記されている。[15]

ネーシの語源は律令制における内侍司《ナイシツカサ》、あるいは厳島神社の巫女内侍《ナイシ》等に由来する名称とされている。口之島太夫文書に内侍の記載があり[16]、薩摩・大隅の神社誌[17]にも神楽内侍舞の記載がある。ネーシはナイシがネイシに転訛し、さらにネーシに転訛した名称とされる。一九三五（昭和十）年に悪石島を調査した早川孝太郎の記録には、「ネイシはナイシともいい巫女である」とあり[18]、当時はネーシではなくネイシまたはナイシと呼ばれていたことが分かる。悪石島では、年配のネーシにババ（婆）をつけてネーシババという。その場合にはネイシババと表現する人もいる。

ネーシは巫業を生業としているわけではない。普段は一女性・一主婦として通常の生活を送りながら、島民の要請に応じて村落祭祀や祈願、病気の祓い、死者の口寄せ等を行った。しかし、ネーシは人の運勢や紛失物の占い等はしない。また、巫業に対する対価を請求しない。

ネーシの役割には、村落祭祀における司祭巫女としての役割、集落共同体の祈願や祈祷を行う役割、島民の生涯を通してその通過儀礼を行う役割、日常的には病気や異変を覚える島民の訴えに応じて祓いを行った。

この内、村落祭祀等の集落共同体に関する役割は神役ネーシが担当した。神役ネーシとは祭祀組織の中の女神役のことである。悪石島の祭祀組織は男神役五人と女神役二人（本ネーシと浜のネーシ）によって構成されている。女神役であるネーシ二人は、多数いるネーシの中から、ホンボーイ（本祝・最高司祭者）の司祭する御籤《みくじ》によって選出された。

通過儀礼の内、誕生儀礼・成育儀礼は、オトババ（神親）の役割である。オトババは妊婦が岩田帯を巻くときに決める。岩田帯を巻くときに拝んで貰ったネーシは、その子のオトババとなり、子供が一人前とみなされるユーブガタリ（男子有賦人仲間入り）、カネツケ祝い（女子鉄漿つけ・お歯黒）までは、病気の祓いにも責任を持った。

ネーシの役割と活動の特徴は、集落共同体から個人の死後に至るまで、島民の生活全般に関与していたことである。また、司祭巫女の役割を神役ネーシ以外は担えないが、神役ネーシは司祭巫女としての役割を果たす一方で、オトババにもなり、人々の依頼に応じて病気の祓いや死者の口寄せも行った。

巫女は、その役割や巫業の内容から、柳田國男によって神社巫女（司祭巫女）と口寄せ巫女（民間巫女）の二種があることが指摘された[19]。前者は神社に所属し神楽舞を奉納する巫女。村落祭祀に参加して司祭巫女としての務めを行う巫女である。後者は人々の依頼に応じて病気の祓いや死者の口寄せ、卜占等に従事する巫女である。ところが、古くは未分化の時代があったのではないかという説が出されるようになると、未分化の巫女の姿を示すネーシは注目されるようになる。

なお、祭祀組織が確立された時代、祭祀組織による儀礼化以前の祭祀の姿については明らかにされていない。祭祀における巫女としてのネーシの役割については、神々と聖地、祭祀組織、ネーシが関与する個々の村落祭祀を通して明らかにしていきたい。

本稿では、ネーシはどのように誕生し継承されたのか、島民の生活にどのような関与と役割を果たしたのか、悪石島を例にその概観を説明しておきたい。なお、ネーシの基本情報は卒業論文「悪石島のネーシに関する民俗学的考察―特に近代医療との関係について―」の研究調査で収録したものである。

二　ネーシの成巫について

一八八五（明治十八）年に赤堀廉蔵が記した『島嶼見聞録』口之島の風俗に、「荒神山に石を投げたり、荒神山の木を伐採すると祟りで病を発すと恐れられている。それを祓う巫女が十二三人いる」という記述がある[20]。当時の口之島の戸数は二九戸一二五人とある。

一九四〇（昭和十五）年に宝島の調査を行った桜田勝徳の記録には「神ジケするガラスが二十人ぐらいいた。そして、以前はガラスになるものがなくて困ったことさえあるが、近頃はガラスが多いといっていた」という記述がある。[21]ガラスとは神役以外のネーシである。当時の宝島の家数は九七軒とある。

下野敏見の報告では一九六五（昭和四十）年の宝島にはガラスが十人、小宝島には一九六六（昭和四十一）年全戸数九戸の島に五人いたと記述している。[22]

悪石島では、大正時代から第二次世界大戦後の米軍政下から日本復帰（一九五二（昭和二十七）年）する頃まで、十数人のネーシがいたことが確認される。当時の悪石島の戸数は二五戸から三四戸で推移している。古老は、この時代はネーシが一番多かったときで、かつ島の生活状況が最も苦しかった時代だと話した。

これらの情報から分かることは、戸数や人口に比して多くのネーシが存在していたこと、ネーシ誕生の増減には島の生活状況が影響していることである。すなわち、生活が苦しい状況下ではネーシの誕生が増え、改善すると減少する。

では、どのような経緯を経てネーシになるのか、ネーシの成巫過程について事例を通してみてみる。

ネーシの条件はシケがくることである。最初のシケは、神楽の見学中や病気の祓いを受けたときなどに、突然体験するという。シケとは体が震えることで、神が憑依した知らせであり、神懸かり状態に入ったことを意味する。ネーシは神懸かりの間中、この震えを体に感じる。この震えはネーシの意志では止めることができないという。したがって、シケが止まったときに神懸かりは終わる。

ネーシになると四足の動物が食べられなくなる。そのため、豚肉が食べられない人は「ネーシになるのではないか」と噂された。そして、堆肥など汚い物に触れることが禁じられた。四足動物の食の禁忌は、神祭りの際には神役や一般島民にも求められた。

（一）成巫過程

事例一：Sさん（一八九九（明治三十二）年生まれ）

Sさんは、ホンネーシ（本内侍）を長年務めた方である。ホンネーシとは、集落の祭祀を司る祭祀組織「神役七人」の一人である。最後のホンネーシであり、Sさんの引退によって、神役を務めるネーシはいなくなった。一九七〇（昭和四十五）年を最後に祭祀組織からネーシは消える。

Sさんは二男・三女の長女として生まれる。母親も祖母もホンネーシだった。祖母の妹もネーシである。Sさんがネーシになったのは十九歳のときである。Sさんは子供の頃から神は信じていたが、自分がネーシになるとは思ってもいなかったという。

きっかけは、ヒチゲーの夜に、近所のホンネーシの家にカミキキ（神聴き）に行ったときだった（ヒチゲー行事の項を参照）。神棚の前に座っていたネーシが、「S、こっちに来てみえ（ごらん）」と言ったので、そばに行ったら急にシケがきた。その時は口ぼこる（神懸かりの言葉が出てくる）ことはせず、シケだけだった。

それから頭が痛かったり、頭が重かったり、吐き気があってとてもきつかった。「いつまでもそうしていると難儀やっで（だから）」と、家族がホンボーイと神役ネーシを頼んできて神楽をあげてもらった。その時に初めて御幣を手に取って拝んだ（神懸かりした）。初めの頃は何も知らないのに体が震えて、シケがかかってきて恐かった。神口《かみくち》はひょっこり口をついて出てきた。自分の心で神様が乗り、神様が自然によませた。

ネーシになったことを家族は喜んだ。ネーシになってからは、豚肉が食べられなくなった。吐き気があり、全く口にしなかった。それからは、若ネーシとして先輩ネーシと一緒に神楽等に参加して経験を積んだ。

ネーシが祈る神々は、「八幡太郎様」、「東日表《あがりびおもて》の乙姫嬢様」、「天照大御神様」、「島建て世建ての御神様」など、島で祭られている神々であるという。

事例二：Aさん（第三者から得た情報・当人は既に故人）

某氏は高熱を出して三日間うなされていたときに、悪い霊にとり憑かれているのではないかと家族が心配し、ホンボーイと神役ネーシを頼んできて神楽をあげて貰い、お祓いをしてもらった。その時にシケがきてネーシになった。

事例三：Bさん（第三者から得た情報・当人は既に故人）

某氏は初山の時に頭痛に襲われ、家に帰ってからネーシに撫でてもらった（祓いを受けた）。その時にシケがきてネーシになった。

事例四：Cさん（第三者から得た情報・当人は既に故人）

某氏は精神の混乱をきたし、気がふれたようになった。霊にとり憑かれているのではないかと、家族がホンボーイ（本祝）と神役ネーシを頼んできて、神楽をあげてお祓いをしてもらった。その時にシケがきてネーシになった。

事例五：Mさん（一九一〇（明治四十三）年生まれ、男性）

この事例は、女性が成巫するネーシの中にあって、特殊な事例である。Mさんは四男一女の三男として生まれる。母親がホンネーシである。子供の頃から島の神を信心していたという。ホンネーシである母親の神事に興味があり、子供の頃から母親の神事の練習を熱心に見ていた。

昭和八年に島を出て大分で働いていた。昭和十九年長崎で兵隊の点呼中に、向かいの人の頭の後ろが黄色になり、片半身がつっぱる感じがした。突然意識不明になり、火葬場に連れて行かれて、焼かれる寸前に目を覚まして助かった。

敗戦後大分に戻ると、竹田の巫女から「早く島に帰って信心の道に入らねば死んでしまう」と言われた。家族の反対を押し切り、娘一人を連れて帰島した。帰島後は髪を腰まで伸ばし、女座りをし、白い着物を着て山籠もりの生活をしていたが、娘の就学から卒業までは浜集落に住んだ。

シケは、初めは不動明王が憑依し、わずかに体にシケを感じる程度だった。あるとき姪が霊に取り憑かれてしまい、神楽をあげてお祓いをしてもらうことになった。姪の家族と一緒に彼もそこに同席した。すると姪の姉にシケがきて、側にいた彼にもシケがきた。それからネーシと同じ神を拝めるようになった。

それまで切る気がしなかった長い髪をバッサリ切った。それからは、不動明王・月の神・天照大神・八幡太郎様など、八百万の神を拝むようになった。

シケは急にかかり、神様のことばが終わるまでは止まらない。一番は八幡太郎様、二番は乙姫嬢様（東日表の乙姫嬢様）。八幡太郎様が乗るときのシケは荒いが乙姫嬢様のときはシケが楽だと話した。

この事例は、神役ネーシを務めることはできなかったが、現役ネーシがいなくなってからは、ネーシ同様に祓い等に活躍していた。島民は彼のことを男ネーシと表現する一方で、ネーシではないとも言っていた。

以上の事例に共通するのは、最初のシケの体験は、ネーシの祓いを受けているとき、あるいはネーシの神懸かりをみているときに起きていることである。最初のシケの体験は必ずしも神楽を見ているときとは限らない。ネーシの神懸かりに接しているときである。ネーシの祓いを受けた理由は頭痛や発熱、精神の混乱等の身体の不調であり、その原因を祟りや悪霊の仕業に求めている。

ネーシへ成巫するにはシケの体験後に神楽が必要であり、その席で神懸かりができることが求められる。その過程を経て初めてネーシとして承認される。神楽は神の子（祭祀組織の神役七人）が揃わねば上げられぬと言われ、ネーシだけでは行えない。

三　ネーシの継承

悪石島では、ネーシのあとには必ずネーシが出ると言われていた。つまりネーシが誕生した家系では引き続きネーシが誕生するということである。その出方がどのようなものなのか、調査当時確認できた七家の事例から、幾つかの傾向が認められる。

母から娘に四事例。祖母から孫娘に二事例。三代にわたり姑から嫁に継承された事例が一事例である。三代にわたり嫁に継承された事例の特徴は、嫁が他の七島から嫁いできていることである。覡《かんなぎ》の事例は母から長男の嫁、孫娘、三男の彼に継承されている。

このようにして継承されてきたネーシは、第二次世界大戦後の急速な社会的・経済的変化の中でぷっつり途絶えた。それは本土の高度成長に後れをとりながらも、島の近代化が急速に進行した時期と重なる。近代化の波はネーシの必要性を減少させた。価値観の変化はネーシの継承を拒否し、本人にその意志さえあればネーシができる人でも拒否するようになった。このことは、祭祀組織から神役ネーシが消えることにもつながった。

ネーシの活動は戦前から活躍していた四人のネーシによって維持されていたが、一人が亡くなり、一人が島を去り、二人の高齢ネーシのみになった。一九七〇（昭和四十五）年、沖縄向け無線中継所工事で怪我人が続出した際に行った安全祈願の神楽中に、高齢になっても引退できなかった神役ネーシの一人が脳卒中で倒れるという事件が起こり、この事件をきっかけに祭祀組織からネーシは消える。

ちなみに、調査当時の悪石島にはネーシが二人いた。一人は高齢で引退していたSさん、もう一人は神役の経験はない若手のKさんである。Kさんは表だって積極的にネーシの活動をすることはなかったが、祓いを必要とするような出来事が集落に起きたことがあり、その際は集落からの要望で祓いを行ったそうである。

現は積極的にネーシの活動を担っていたが、この現も既にいない。ネーシ誕生の引きがねとなるネーシの神懸かりを見る機会は失われている。

四　ネーシの祓いと神懸かり

ネーシの祓いと神懸かりは男性神役が同席する神楽か、もしくはネーシが単独で行う祈りや祓いで行われる。

(一) ネーシの祭祀具

通常の祓いに用いられるのは「花米（米でも粟でも可）」と「数珠」である。悪霊祓いではこの他に「塩」が、葬式に伴う死者儀礼では「荒麦」と「トベラ木の枝」が使われる。トベラの枝は、ヒチゲー行事の際には魔除けのために玄関や木戸口にも置かれる植物である。祭祀の際に清めで用いられるのはシュエー（潮）である。

神楽は祭祀、祈願、お祝い、悪霊祓い、ネーシの成巫式で行われる。神楽は神の子七人が揃わねば上げられぬと言われ、ネーシだけでは上げられない。男性神役は袴を着用し正座で並ぶ。女性神役は羽織・着物である。神役ネーシが神楽で手に持つのはガラガラ（錫杖型鈴）と弊を竹に挟んだ御幣である。他に神楽太鼓とテブヨシ（シンバルようの銅拍子）を奏でる人がいる。神楽太鼓やテブヨシはネーシ以外の婦人が担当する。

（二）ネーシの神懸かり

筆者の記憶にある、Sさんの成育儀礼での祓いの場面およびSさんや他者の語りの中から得た情報で、ネーシの神懸かりを再現する。通常の病気等の祓いも同様である。

服装は羽織・着物姿である。神懸かりで必ず用いられるのは花米と百八個の玉の数珠である。Sさんは、花米には清める意味があると話された。

神棚の前には高膳が置かれてあり、その上に器に盛られた米が花米として置かれている。

ネーシは数珠を手に神棚に向かって正座している。ネーシの斜め後方にはクライアントが座している。

ネーシは時々パッパッと花米を撒きながら、数珠を合わせ低く静かに祈りを唱える。神が憑依するとシケがかかる。正座のままで体を上下に揺すり、神懸かりの状態に入る。同時に声を張り上げ、神の言葉をうたいはじめる。

クライアントの方に体を向け、クライアントの体を数珠で撫でながら、神々に子供の成長や無病息災を祈る。独特の抑揚をつけながら神に祈る言葉は、はっきりは分からない。この時にネーシに先祖霊が憑依し、付き添いの家族に話しかけることもある。ネーシの体は神懸かりの間中、臀部が踵から離れるか離れない程度に上下に揺すっている。やがてシケがおさまると、ネーシは神棚の方に向きを変え、花米を撒いて静かに祈りを唱え祓いは終わる。

病気の祓いでは痛いところを中心に数珠で撫でる。悪い憑き物が憑いている場合はネーシの神懸かりは激しい。

立ち上がって縁側から外に向かって塩を撒き追い払う動作をする。

ネーシの神懸かりには個人差があり、神懸かりが激しいことをシケが荒いという。誰々ネーシはシケが荒いなどと表現された。高揚してくると膝を叩き、胸を打ち、臀部が踵から完全に離れるくらい体を上下に揺すり、立ち上がって踊るような神懸かりとなることもある。

五　ネーシの役割と活動

ネーシの役割と活動には、村落祭祀、祈願祈祷、通過儀礼、病気等の祓いがある。

(一) 村落祭祀

村落祭祀には、初山、お日待ち、年に三回（正月・五月・九月）行われるお伊勢講とお講、五月と九月の節句、恵比須祭り・浦祭り、四季の大祭である二月祭り、四月祭り、八月祭り、霜月祭り、盆、小正月《こま》（オヤダマ（親霊）祭り・七島正月）、ヒチゲー行事等がある。

村落祭祀における神役ネーシの役割は祭司および神楽であるが、神楽がない小正月やヒチゲー行事では先祖霊や神との交信を担う。村落祭祀については別項で説明する。

(二) 祈願・祈祷

島に災難が起きたときは、金山の神社（秋葉・霧島・金比羅・島建て世建ての御神様の合祀）に集まって神楽をあげて祈願した。例えば、沖縄向け無線中継所工事で怪我人が続出したときは、神役七人、工事関係者、島民が集まり、工事の無事を祈って神楽を上げた。

　また、他所で疱瘡や流感等の伝染病が発生したという情報を得たときは「入ってからは遅いから、トキでもしようや」と言って、ホンボーイの家で病気侵入予防の「トキの神楽」をあげた。神楽をあげる前には、「トキをすっはずやっどー（するはずだ）、何処にも行くなー」と触れてもらってから行った。

　作物害虫発生時には虫祈祷を行った。虫祈祷には二つの方法があった。各家の畑から捕った害虫を竹筒に詰めて栓をする。麦藁で作った小さな船に赤旗・白旗を立て、ご飯の初、包んだ花米を乗せる。寺でネーシが船の施餓鬼祭りをしてから海に流す。若者が船を持ち、ネーシがシバ（笹）で畑を清めながら追う。ネーシの後に神役、他の人々が続き、太鼓や缶などを叩きながら虫を追って、につみ海岸まで行き海に船を流す。同様の虫祈祷は全国的に行われている。芸能化された虫祈祷を季節の民俗行事として継承している地域もある。おそらく島外から取り入れた方法であろう。

　もう一つは臥蛇島から習った方法で、「ほうじょう殿《どん》はお発ちやれ、みなヤコ達（毛虫や芋虫等）も共にしろ」と書いたお札をネーシと神役に拝んでもらって、その札を畑に立てた。

（三）通過儀礼

　通過儀礼には誕生儀礼、成育儀礼、死者儀礼がある。通過儀礼はネーシなら誰でも行えたが、葬式儀礼だけはホンネーシが担当した。

　誕生儀礼には帯祝い、イヤパカ（後産埋葬）祭り、オビキン（帯衣・着初め）とカミタテの祝いがある。誕生儀礼はオトババの役割である。オトババは、妊婦が岩田帯を巻くときにネーシの中から選んでお願いする。

妊娠三カ月から五カ月頃、戌の日に帯祝いをする。神様に腹帯をお供えして、オトババに拝んでもらい、ヘソババ（臍婆・産婆）に巻いてもらう。

お産のときはホーインカワの字名の地に産屋を作った。産屋は竹笹葺きの三角錐の形で、入り口があるだけの簡易な作りだった。産屋は毎回作り替えられた。三日から七日で家に帰っていた。口碑として残っているだけで実際を知る人はいないが、島内で出産していた頃は、イヤ（後産・胞衣）をホーインカワの畑の岸に埋めていたことが名残といえる。

子供が生まれたらオトババは神様にお礼を述べる。イヤは、ヘソババが、神様の通り道ではないホーインカワの畑の岸など、人の触らぬ場所を選んで埋める。イヤを埋めた所には小さな石を三つ据えてかまどを二つ作る。生後一週間目（日柄が悪いときは延ばす）に、そのかまどでオトババがイヤパカ祭りをする。焼酎二本と、削り鰹節と塩（杯で型どる）を乗せた皿を供えて、「お釜繁盛、お守りください。この次にはまた男の子をあと継がしてくださ い」などと唱えて拝む。

この日は、オトババとヘソババがオビキンをする。神様に布を供えてオトババに拝んでもらう。着物はヘソババが縫う。布を裁つとき、布の上に物差しとハサミを三回当て、「あさ姫の、おさし始めし唐衣、裁つ度毎に喜ばぞめす」と唱えてから縫い始めた。

オトババはイヤパカ祭りから帰ると着物を着せる。着物を着せるときは、タイス柱（亭主柱・大黒柱）に着物を着せて（合わせる）、「着っつぎ、着っつぎ八重がさね、衣装は弱かれ、胴は強かれ、石のごと（ように）、金のごと」と唱えてから着せる。

そして、カミソリを二つ供えて、カミタテをする。赤子の髪を少し切る。両親のいる男の子を、親を三回、子を三回カミソリでなでる。切った髪は臍の緒と一緒に袋に入れて保管する。

新生児は、生後三十日間は外に出さない。初めてお天道様に出すときは、額（眉間）にヘグロ（かまどの黒い煤）を付けて、親戚の家などに顔見せに行った。七歳になると帯解き（付け帯をやめる）をした。

産屋は、笹森儀助の『拾島状況録』[23]により、七島の全ての島に存在したことが分かる。笹森が調査した一八九五（明治二十八）年当時は、既に産屋での出産はない。興味深いのは、産屋は必ずしも出産の場所とは限らず、出産後に籠る場所でもあったことである。

「出産ニ際シテハ豫メ産屋ヲ造リ、其母健全ナル時ハ、産后直チニ行キ、若シ然ラサル時ハ二三日ヲ隔テ之ニ行キ、家習ニ依リ一週間叉ハ貳週間之ニ居リ」引用は笹森（一八九五：宝島二八九）。

「古来出産ニ際シテハ豫メ産屋ヲ其邸宅外ニ造リ、之ニ移シ出産セシメ、其家ノ母之ニ従ヒ看護シ、一定ノ日数アリシカ、今ハ出産ノ後之ニ移シ、數日ニシテ還ル」引用は笹森（一八九五：中之島一九七）。

「出産ニ臨シテハ、豫メ産屋ヲ造リ、之ヲ待ツ一定ノ場所アリ。村南貳町斗藤三郎ト云フ地ナリ。出産后貳日ヲ經テ巫女ヲ伴ヒ産屋ニ入リ、十八日間之ニ居住シ、母若クハ姉妹等之ヲ看護ス。若シ降雨等ニシテ産婦ニ害アルトキハ之ヲ氏神に謝シ、三日ニシテ歸リ、或ハ一日ニシテ歸ルコトアリ。」引用は笹森（一八九五：悪石島二六九）。

産屋の構造について、一九四〇（昭和十五）年に宝島の調査をした桜田勝徳は、「天保年間に生まれた人の時代には九尺角ぐらいのサンヤでお産をした」[24]と報告している。宝島の産屋は伊藤幹治の報告に写真が掲載されている。[25]写真の形状からは悪石島の産屋に同じと思われる。

　悪石島について検討してみる。産屋を造った藤三郎《とうさぶろう》という字名は、ホーインカワ字名のすぐ上に位置する。方向的に同じと考えて良い。産屋に入る時はオトババが同行し祈りを捧げたであろう。ネーシが一緒に居住することはあり得ないので、十八日間一緒に居住したのは母や姉妹である。ただし、冬場に簡易な産屋に十八日間も居住できたかは疑問がある。産婦に害があるときは三日あるいは一日で帰るとある。出産後の誕生儀礼等を考えると三日から七日で家に帰っていたと考える。

　誕生儀礼で特筆すべきことは、胞衣を埋めた場所にかまどを作り家の繁栄を祈ることである。日本産育習俗資料集成[26]には、埋める場所を塩・削り節・酒で清めて埋めるという栃木県の事例や削り節を供えて一緒に埋めるという群馬県の事例はあるが、家の繁栄を祈る唱え言やかまどを作る事例の報告はない。

　成育儀礼には初年祝い、歳日祝い、七草祝い、元服祝い（男児九歳）、ユーブガタリ（男子十五歳有賦人仲間入り）、カネツケ祝い（女子十四歳鉄漿つけ）、厄落とし、婚姻がある。成育儀礼におけるネーシの役割は神楽または祓いである。神楽は元服祝いであげた。Sさんは、八幡太郎様や乙姫嬢様、天照大御神様、島建て世建ての御神様などに、健やかな成長と無病息災をお願いするのだと話した。

　死者儀礼には、納棺、三日目の座敷清め・魂納《たましいおさ》め・魂《たましい》がかり（口寄せ）、年忌供養での魂がかりがある。死者儀礼の内、納棺、三日目の座敷清め・魂納め・魂がかりはホンネーシが行った。年忌等での口寄せはネーシなら誰でも行えた。

　納棺のときは、ホンネーシが「急げ、急げ」と言いながら、トベラの枝でガン箱をなでる。墓地には行かない。

身内はガン箱を巻いたサラシを持ち、「あとを惜しむな、あとを惜しむな」と声をかける。

ホンネーシは死後三日目に、死者を寝かせていた所に荒麦（殻のついた麦）を撒いて清める。座敷の清めが終わったら裸足で玄関から飛び出して、魂を墓地まで追っていく。墓地の中には入らない。下野敏見は次のように報告している。[27]

「これは「マブイを追う」といって、マブイすなわちマブリを追うて行くところである。たいがい、寺まで行く。行きたい所まで行くとぴたっと足が止まるそうだ。また魂を追って行くと、魂が行きたい所まで行くと足が急に軽くなってネーシは向こうへ行けず帰ってくるともいわれる」引用は下野（一九九四：一一八）。

墓地から戻ると、奉公人は死者の寝ていた所から納戸へ三回掃き、ホンネーシは表の方へ三回掃く。座敷の清めが終わったら「魂《たましい》がかり」をする。魂がかりはホンネーシにシケがきて、死者からこう言ってくれと胸に知らせがあって一口に出てくるという。内容は大体、家族や奉公人へのお礼であり、まるでその人が生きていた頃のような口調で話しかけ、聞いている者も涙を流して相槌をうつ。一年忌、三年忌、七年忌には年忌祝いと魂がかりをする。

一六九六（元禄九）年の「口之島太夫文書」により、当時の七島の島々には既に寺が存在していた。[28]『拾島状況録』には、七島の寺には常在する住職はなく、僧侶の遠島があったときのみ、寺番として居住したことが記されている。悪石島には江戸末期から廃藩置県後まで和尚がいたという伝承がある。おそらく、僧侶居住時には僧侶が葬式に関与していたであろう。同時にネーシも関与していたと推測できる。葬式儀礼におけるネーシの役割は、死霊をきちんと冥土に送ることである。そして、死者の思いを伝えることである。死霊がこの世に思いを残し彷徨《さまよう》ことはあってはならないことであり、仏教伝来に関係なく古い時代からネーシは葬式儀礼に関与していたと推測する。

（四）祓い

ネーシの祓いには、病気の祓い、奇妙と感じる出来事に遭遇したときに判じを仰ぐ祓い、他所から船が入港した際に行われる「入島時の魔ばれ」がある。「入島時の魔ばれ」は病気侵入予防のために行われたもので、降ろされる人や荷をシュエー（潮につけた笹）で祓った。これは浜のネーシが行った。この他に、旅先から帰ったときに祓いを受ける人もいた。旅に出るのは正月・五月・九月のお伊勢講・お講を済ませて出かけていた。

日常的な祓いは病気の祓いである。ネーシの祓いを受けることを地元では「拝んでもらう」という。病気になると薬草やお灸などの民間療法の他に必ずネーシの祓いを受けていた。ネーシの祓いを受ける場合は、いくらかの米を花米として持参し、ネーシの家で祓いを受ける。歩いて行けない状態のときはネーシに来てもらう。寝込むような重症の場合は複数のネーシが結束して祓いを行う。場合によっては神楽をあげて祈願した。

一九四二（昭和十七）年生まれのTさんは、ネーシに祓いを受けた経験を次のように話した。

小児喘息だったから、風邪をひく度にオトババに拝んでもらっていた。気分的なものかもしれないけど、拝んでもらえば良くなっていた。このあいだ、風邪で寝ちょったら、お袋が（八十七歳で認知症が始まっている）具合が悪かとなら、ネーシババを頼んで来ようかと言った。（苦笑）昔はそんなして、すぐネーシを頼んでいた。

八十七歳の老母の言葉は、かつてのネーシと島民の繋がりを如実に表すものである。ネーシが頼りにされ、ごく自然に受け入れられていたことが分かる。ネーシだったSさんは、ネーシの祓いについて次の様に話した。

昔はネーシババがお医者さんだったもんな。婆ちゃん達も夜・夜中、人が病気だ、子供が熱を出したといっては起こされて行っていましたよ。水を浴びて、体をきやためて（清めて）からな。昔の数珠はこんなに長かったのよ（四〇から五〇㎝手を広げる）。いつもお医者さんはおらじ、子供が病気だといっては夜中に起こされて行くでしょうが。人撫でにこんなに擦り切えてしまって（玉は半分に減少）。本当は百八つなかといかんとやけどね。昔はどんな病気でも神様で治っていたよな。昔は効き目があったとやろな。

例えば、あんたが病気になって、私に拝みしてくえーて（してくださいと）頼みにくるでしょう。そしたら、お前たちのおじいさん、おばあさんなんかが私にのって、ものを言うのよ。昔のことを言うたりな。死んだ魂のあるものは会いがならんでしょう。神様になって、神様にお願いして、懐かしゅうて、泣いとうてな。

神様が祟ったときは、神役を呼んでお神楽をあげて、神様にことわりを言うのよ。木を倒したりするでしょう。そしたら、その木に神様が宿っていて、神が祟ることもあったのよ。病気をしたりしてね。病気の時は神様にお願いするでしょう。だからすぐ分かっとな。そんなときは、ホンボーイ様を頼んで来て、お神楽をあげて、それでも合点せんときは御幣をかいて（御幣を切る・作る）お詫びしていた。

Sさんの話を要約すると、病気の祓いのときに、既に故人となっている祖父母達が子孫の病気を通してこの世の人に語りかけることがある。あるいは、まれではあるが死んだ人がこの世の人に話をしたいがために、一時的に軽い病気にさせることもある。また、神山の木を伐ったり、神様の宿る木を伐ってしまうと神様の怒りを買い、祟って病気になることがある。その場合は、神楽をあげてお詫びをする。それでも神様の許しがないときは、御幣を奉納し、ひたすら詫びたということである。祓いの手段として神楽をあげるのは、より強く神への畏敬を表す場合のようである。

この他に悪霊・死霊・生霊にとり憑かれているときは、一人のネーシでは負けてしまい、反対にとり憑かれることもあるので、数人のネーシが結束して祓いをしたこと、自分にとり憑かれるのを恐れて祓いを嫌うネーシもいたこと、この種の祓いはしっかりしたネーシでなければできず、神懸かりも激しく、時間もかかり、とても疲れて苦しいという話もされた。

つまり、病気の原因はネーシの祓いを受けて初めて分かる。障りではない病気もあれば、祟りや霊が障りを起こしている場合もある。だが、霊は必ずしも悪さをするためにだけ体に不調を起こすとは限らない。何かメッセージを伝えたい場合にも障りを起こすことがある。祟りや霊などの障りが原因ならネーシに祓ってもらわなければ良くならない。

障りではない病気のときは良くなりますようにと神々にお願いする。祟りや霊が障りを起こしている場合は、その原因によって詫びたり、戒めたり、追い払ったり、メッセージを伝える。

Sさんの病気観には、病気を引き起こすのは、何か超自然的なものが作用しているからだという考え方がある。そして、それを取り除くことができるのは神だけである。Sさんの病気観は、そのまま島民の病気観であり、世界観である。

島民は、ネーシの祓いの効能について、頭が痛くても、お腹が痛くても、ネーシに撫でてもらうと不思議に良くなっていたと話す。ネーシの病気の祓いとは、神懸かりしながら、祓う相手の体を数珠で撫でる動作が中心である。数珠の玉が祓いのために擦り切れて半分に減っていたことからも分かるように、ネーシの祓いは島民に信頼を持って受け入れられていた。

「トキの神楽」や「入島時の魔ばれ」、「虫祈祷」は、一九五二（昭和二十七）年頃まで行っていたそうである。古老は「終戦後から日本復帰するまでが一番苦しかった。どうしようもないから、まじないでもせんなら（まじないでもしようか）と、その頃は色々していた」と話した。

六　結論

ネーシはシケを体験し、神懸かりすることからシャーマンである。Sさんは「体に震えがきてシケがくる」、「神様が自分の心にのり、神様がよませる（話させる）」、「死者の霊が神様を通して、ネーシの口を借りて、話す」と説明する。魂がかりでは、「（自分の）胸に、こう言ってくれという知らせがあって、一口に出てくる」と話した。

ネーシは神様を憑依させることによって、あるいは神様が憑依することによって神懸かりをする、憑霊型シャーマンである。佐々木宏幹の類型でいえば、（d）シャーマンの霊魂が超自然界に旅行することはなく、専ら守護霊を自身に憑依させて卜占、予言、治病を行うか、特定の神霊・死霊・祖霊を自身に憑依させて、依頼者と霊的存在との媒介者＝霊媒としての役割を果たす。[29]

ネーシ誕生の背景には、いくつかの要因がある。前提にネーシを必要とする世界観があり、かつネーシ誕生を容易にする精神的土壌があった。島民から頼られ活躍するネーシは尊敬の対象であり、受け入れられていた。その中で、より神信心の厚い個人的生活環境がネーシへと導き成就させた。すなわち、身近に神懸かりするネーシの祖母や母親や姉妹がいて、日常的にネーシの宗教的雰囲気に触れる環境があった。幼少の頃から神信心の気持ちが強く、ネーシに関心と興味を抱いていた。ネーシ誕生の増減には、生活に影響を及ぼす自然的・経済的・社会的要因が作用していた。

ネーシの成巫過程の特徴は、ネーシになるのに特別な修行は必要としないことである。例えば、東北巫女のイタコは盲目等の障害を持つ者が生きる手段として、つまり巫業を生業とするために修行して巫女になるが、ネーシは健康な女性がある日突然、ネーシの神懸かりを見ているときにシケを体験する。シケを体験した後、神楽をあげてもらい、その席で神懸かりができるとネーシとして承認される。

入巫期にみられる巫病（心身の不調）の程度は一時的で軽い。心身の不調がシケの前兆となる場合とシケを体験後に心身の不調が現れる場合がある。自覚される心身の不調は頭痛や頭重感、吐き気、高熱、精神の混乱などである。症状の種類や程度に個人差はあるが、巫病が長期化することはない。

奄美・沖縄のユタや民間巫者の成巫過程として知られているのは、精神の混乱や身体的不調に苦しむ辛い巫病の体験である。

大橋英寿は沖縄におけるユタの成巫過程について、「心身の不調に先行して、あるいは並行して、いずれの事例の場合もなんらかの危機（crisis）を体験している」とする。危機は持続的な危機と突発的な危機とに大別され、持続的な危機としては「病弱」、「原因不明の持続的な身体の不調」、「栄養失調」、「極度の生活苦」、「仕事の失敗」、「親族との葛藤」等を、突発的な危機としては「肉親の急死（兄弟の死、子供の自殺・事故死）」、「夫の浮気」、「夫・愛人との離別」、「生活環境の急変」、「流産」等をあげている。そして、事例からは幼少年期に何等かの特異体験も持つ者も多いとする。[30]

ネーシの成巫過程には、このような深刻な危機や巫病の過程は見られない。

事例五の覡は、ネーシになるために髪を腰まで伸ばし、女座りをし、白い着物を着た。ネーシの条件であるシケを体得し、ネーシと同じ神々を拝めるようになるとすぐに長かった髪を断髪している。彼は、女の格好をすることでネーシの神を憑依させようとしていたと考えられる。

ネーシの役割と活動の特徴は、司祭巫女の役割を神役ネーシ以外は担えないが、神役ネーシは司祭巫女としての役割を果たす一方で、子供の神親にもなり、人々の依頼に応じて病気の祓いや死者の口寄せも行うことである。特に葬式儀礼ではホンネーシが死者儀礼を行う。ホンネーシだけは全ての役割を担う未分化の姿を示しており、巫女としてより強い呪力や権威を持つ者と認識されていたと考える。

ネーシの役割と活動は、村落祭祀だけでなく、時に応じて、人々の依頼に応じて、祈願、祈祷、祓いを行い、生命の誕生から死後に至るまでその通過儀礼を担うなど、島民の生活全般にかかわっていたことである。特に病気の祓いでは、寒い冬でも、水で体を清めてから神に向かい、子供の健康を神にお願いしていたというネーシの姿には、ネーシが使命感を持って活動していたことを推測させる。

ネーシが必要とされた理由には、ネーシを必要とする病気観や世界観がある。すなわち、病気や災厄の原因を神の祟りや霊の障りと考えていることである。その原因を見極め、取り除くことが出来るのはネーシだけである。神を頼って生きてきた島民にとって、神と人間との唯一の媒介者であるネーシは必要不可欠の存在であった。ネーシは頼りになる存在として、島民の精神生活の支柱として、重要な役割を担っていた。

また、ネーシの報酬は無報酬に近いものではあるが、ネーシの家で祓いを受けるときには花米として持っていく米や粟が報酬であり、来てもらったときは神様に供える吸い物膳が食事として提供される。また、なにがしかの手土産が持たされることもある。それが報酬になる。これは祭祀においても同様である。

第四章　神々と聖地

一　はじめに

七島の島々には、神々や神山《かみやま》と呼ばれる聖地が多数存在する。島の人々の信仰心は厚く、神は偉大なものとして、あるいは恐ろしいものとして、日常生活の中に身近に存在していた。既に過去形の意識表現になるが、神々と聖地は村落祭祀の祭場であり、人々の願いや思いや精神世界を映す表象でもある。かつての神々と聖地を甦らせ、神々を祭る世界観に触れてみる。

悪石島の神々と聖地は、島の三地区に集中している。本集落である村《むら》（現在の上集落）、本港がある浜《はま》、昔集落があった東《ひがし》である。神々と聖地には、神社、神山、仏教痕跡地等がある。

神社はむやみに訪れる場所ではない。祭祀が行われる時以外はほとんど訪れる人はいない。仏教痕跡地も同様である。神山は神が宿る所とされ、神社や仏教痕跡地周囲の森、集落内に点在する小宮《こみや》（小社）の森、何か謂れのある古墓などがあるとされる小森、コウジン山等がある。これらの神山を荒らし、植生している木々を持ち帰ることは禁忌である。何か謂れのある古墓などがあるとされる小森は、大人でも恐れて避けた。

集落内に点在する小宮には、必ずしも社殿や祠があるわけではない。木の根元に幣が立てられているだけのものもある。枇榔葉で作った祠はコバ宮と言い、毎年作り替えられていたが、その手間を省くために全てコンクリート製に置き替えられている。コバ宮の中には陶器類や数個の石が納められている。

コウジン山は、民家と民家の境界をなす小森で、防風林の役目を果たすと同時に、更新した神棚の古い幣を納める場所であり、神棚や仏棚に上げた花や囲炉裏の灰を捨てる場所でもある。囲炉裏は火の神様がいる所で、囲炉裏の灰は汚い所に捨てないものとされていた。また、貝殻や割れた陶器類などの危険物を捨てる場所でもあった。

これらの神々と聖地の内、村落祭祀が行われる神社や小宮は、祭祀の前に宮拵《みやごしら》えと称し草払いや清掃が行われる。祭祀の初日はシュエー（潮）で清められる。共同墓地に隣接する寺跡は月一回清掃が行われている。盆には寺跡で施餓鬼祭りや盆踊りが踊られる。他に、神屋敷と認識されているトンチ屋号の家がある。

本稿では、村落祭祀に関係する神々と聖地について、どのような神が、どのように祭られ、意味づけされているのか、悪石島における神々と聖地の概要を説明する。

二　村《むら》の宮《みや》

本集落である村には、神社が三社と集落内には複数の小宮が点在する。総称して「村《むら》の宮《みや》」と呼ぶ。豊作祈願・収穫祭である四季の大祭は村の宮を中心に行われる。神社の赤い鳥居には、笠木に黒色の鋸歯紋が施されている。本殿があり、境内に複数の小宮を祭る。小宮の仕様は、祠があるもの、ススキを巻いた茅引《かやび》きを地面に設《しつら》えているもの、木の根元に幣を納めているだけのものもある。

(一) 八幡《はちまん》神社（八幡大菩薩）

集落の南方、大麦という畑地の先にある。通称名は「八幡宮《はちまんみや》」である。氏神であり、ネーシに憑依する主要神であるが、ホンネーシは本殿の中には入れない。神々の日となるヒチゲーには、島の神々がこの神社に集まるという伝承がある。

境内では初祭りである二月祭り（作《さく》の祭り）、中年《なかとし》の八月祭り（粟の祭り）、霜月祭り（カライモ（甘藷）の祭り）が行われる。一八八五（明治十八）年に視察した赤堀廉蔵の『島嶼見聞録』には、「八幡神社で二月四月八月十一月の四回行われる」と記す[31]。現在、坂森神社で行われている四月祭りも、かつては八幡神社で行われていたことが分かる。

本殿前の松の木の根元には、小さな幣掛け鳥居が立て掛けられており、幣掛け鳥居の前では、「西一番八幡大菩薩に参らする、二番ハイの司《つかさ》に参らする、三番ジュウシノゴゼ（十四の御前?）に参らする」と唱え土祭りをする。

境内の小宮には、ホンボーイが土祭りを行う「住吉大明神」、「荒人神《あらひとじん》」、「ジュウヨセ（漁寄せ）大明神」、「馬場口殿《ばばくちどの》」、「神の方々（名前の分からない）」、ダイクジ（大工司・副司祭者）が土祭りを行う「オキノジン（沖《おき》の神《じん》?）」がある。ホンネーシは祭りの帰りに神の方々横の祠を拝む。

本殿正面の緩やかな丘には、間隔をおいて段々に竹製の棚が三つ据えられている。上から太鼓を置く棚、中間にホンネーシがノト（祝詞）を上げ神楽を上げる棚、下は甘酒を作るゴス（御炊）樽を置く棚である。

（二）坂森《さかもり》神社（御寺釈迦牟尼仏と八幡大菩薩の合祀）

集落南端に位置し、三つの神社の中間に位置する。明治四十年に寺の釈迦を奉祀、翌四十一年に八幡神社に勧請した札を安置している。通称名はサコジン宮、島中《しまなか》神社、シャカモイ神社、サカモイ神社、ミテラ神社など複数の名称で呼ばれている。高齢者はお寺の神社だと言っていた。

大年の四月祭り（麦の祭り）の主要祭場となる。中年の八月祭り（粟の祭り）では八幡神社の翌日に祭祀が行われる。ホンネーシは本殿の中には入れない。本殿前のヒトツバの木の根元に小さな幣掛け鳥居が立て掛けられており、幣掛け鳥居の前で「西一番八幡大菩薩に参らする、東二番御寺釈迦モイ仏に参らする」と唱え土祭りをする。

境内小宮には「荒人神《あらひとじん》」、「馬場口殿《ばばくちどの》」、「神の方々（名前の分からない）」、ホンネーシが神楽を上げる祠がある。ホンネーシは小宮の前に枇榔葉や笹、ゴザ（筵）等を敷いて座り、神楽をあげる。鳥居から右の筋を行くと木の根元に「センミョウガラン」が祭られている。ホンボーイのノト手引きには、「ガイロ祭りのこと、但し千明ガランにマイラスル」とある。

本殿前広場の西側に竹製の棚が一つ据えられており、ここで甘酒を作る。八幡神社にある太鼓を置く棚やホンネーシの棚はない。

坂森神社は、御寺釈迦牟尼仏と八幡大菩薩を祭神とする神仏混合の神社である。その背景について考えてみる。一八九五（明治二十八）年に視察した笹森儀助の『拾島状況録』には、寺について次のように記されている。

「本島、寺院貳個アリ。其一ヲ福世山養徳寺ト云フ。禪宗ニ屬シ、觀音ヲ祭ル、福昌寺ノ末寺タリ。他ノ一ヲ大興寺ト云フ。真言宗ニ屬シ、釋迦ヲ祭ル、土人之ヲ御祈禱寺ト稱ス。

養徳寺ハ村ノ西端、墓地ノ間ニアリ。其佛ハ何レモ瘞佛ノトキ其器具ヲ併セテ之ヲ焼棄ス。寺院存ス。然ルニ本年風災ノ為メニ倒ル。大興寺ハ村ノ中央ニ在リ、今其家ヲ存セス」引用は笹森（一八九五：二七二）。

真言宗の寺は、口之島太夫文書には「大奥寺」とある。[32] 口之島太夫文書の方が古く、七島の他島の記録であることから、寺名は「大奥寺」が正しいと考える。

笹森は、真言宗の寺については現存しないが「村ノ中央ニ在リ」と記している。坂森神社の場所が村の中央と言えるかはさておき、民家に隣接する平坦な地にある。神社の周囲には寺の下、寺の口という畑があり、境内にはセンミョウガランが祭られている。その土手の上にゲーロークイという神山がある。ノトの「ガイロ祭り」のガイロやゲーロークイのゲーローは伽藍が転訛した名称とも考えられる。

神社の通称名は釈迦寺に関係する名である。ミテラは御寺、シャカモイホトケやサカモイは釈迦牟尼仏、サコジン宮は釈迦寺の宮であろう。坂森神社はご祈祷寺の釈迦牟尼仏を護る選択肢として、大奥寺の跡に新しく建立した神社と考える。近隣に坂森の字名はない。坂森神社名は廃仏毀釈の残像が影響し、釈迦牟尼を坂森と替えて届けた可能性がある。

八幡神社から四月祭りを移した理由は、太鼓を叩かない祭祀、つまり簡素化している祭祀を選択したと考える。四月祭りでは太鼓を叩かない。その理由について、断片的ではあるが次のような伝承を聞いた。

日向の与助が宝島から女を一人連れて、東の浜からあがってきた。太鼓の音を聞いて村集落にやってきた。与助は中之島で殺された。

七島の島々には日向の与助伝承があり、与助は海賊・倭寇と見なされている。三国名勝図絵[33]に次のような記述がある。

「日州油浦人の侵掠　天正の比、日向國油浦より、東與輔・渡邊甚之助・黒木與太郎、兵船數艘に乗て、七島へ渡海し、男女財物を掠む、土民等大に患ふ、中島於て、郡司日高太郎左衛門有益といへる者、其賊を討て是を誅す、本府其功を賞して鎧三領・槍三本・眉尖刀一本を、有益に賜ふて、褒賞せらる、その家今に是を伝ふ」

引用は三国名勝図絵（一九八二：九四六–九四七）。

（三）金山《きんやま》の神社（秋葉・霧島・金毘羅・島立て世立ての御神様の合祀）

集落の北端に位置する。通称名は「金山《きんやま》の宮《みや》」である。各家の内神と同じ神を祭る。ただし、「島立て世立ての御神様」はトンチ屋号の家で祭る。島立て世立ての御神様は、共同墓地の入り口に無縁供養造立の碑があり、それを「島立て世立ての御大将あるいは御神様」と言う。『拾島状況録』に「墓地ノ入口ニ無縁塚アリ。其後部稍小丘ヲ為ス。其處古来島立て神ノ墓所ト称ス[34]」とある。おそらく共同墓地を整備する際に、古墓を合祀し、島の開祖として祭ったものと考える。

本殿の中は広く、神役全員が中に入り、和やかな雰囲気の中で祭祀が行われる。ネーシの神楽も本殿の中であげられる。

この神社では、正月・五月・九月のお講や五月・九月の節句でも神楽を奉納する。また、共同祈願もこの神社で行われる。

境内には、鳥居から入って左手に「コシキセンジョウ乙姫御前《ごぜ》」の祠と木の根元に「サイモ次郎殿」、「サノキの御主殿《おんぬし》」を祭る小宮がある。ここでは本殿の祭祀の帰りに、大きな声で「かつおを釣ったどー、溢れるごと釣ったどー」と叫《おら》ぶ、おらび祭りが行われる。

(四) 集落内に点在する神々と聖地

① **にわつき三郎**

枇榔樹が数本植生する小森に祠がある。八幡様の父親を祭る。四季の祭りは必ずこの小宮から始まる。ホンボーイが祭祀を行う。

② **北山《きたやま》殿**

枇榔樹が数本植生した小森に祠がある。神社の祭りを終えた後に、ホンネーシが祭祀を行う。

③ **東の宮の寄せ祭り**

「東の道」とも言っている。東の宮に行くには山越えしなければならないため、東に向かう道の小森に、「東日表《あがりびおもて》の乙姫嬢様《おとひめじょうさま》」と「根神八重森差笠《ねがみやえもりさすかさ》のミコト」を寄せ祭りしている。以前は祠があったと思うが、現在は幣を納めている。ホンボーイが宮祭りの最後に祭祀を行う。

④ **ジュウシノゴゼ**（**十四の御前?**）

八幡様の母親を祭る。ソンジャに隣接する森の、木の根元に幣が納められている。宮祭りの最後に、ホンネーシが祭祀を行う。大中《おおなか》の祭りや神役ネーシ交代の神調べの式で、ネーシが頭に載せたカンネ蔓はここに納められる。

⑤ **名前はなく、七、八個の石が並べられている**

神饌を担当し、ソンジャを管理するセイクジ（細工司）が祭祀を行う。

⑥ **ソンジャ**

神饌を拵える炊事場である。ただし、煮炊きは、建物の中ではなく外で行う。西側に入り口が一つあり、注連縄が張られている。現在は木造だが、以前は笹葺の屋根に竹を割って編んだ壁、床には茅を敷いていた。建物の内部は中央に柱を立て、天井の骨組みは柱から傘を差したように梁を伸ばす。これを差す傘作りと言い、東の宮の「根神八重森差笠のミコト」を祭るのだとホンボーイは話した。

ネーシはこの中に入ることはできない。その理由は神様が嫉妬するからだという。ここではゴス祭りを行う。

宝島のソンジャはトンチの屋敷内にあるが、悪石島のソンジャは別の場所にあり、トンチとの関係性はみられない。

⑦ **シバタケ**

墓地の丘の下に隣接する広場で、眼前には宝島・小宝島を見渡す海が広がる。潮見所でもあったが、現在は竹藪で景観は遮られ、消防車庫が置かれている。

大年の四月祭り（麦の祭り）と中年の八月祭り（粟の祭り）では、東側の土手に竿竹を立てて反物三種類を打ち掛け、神役ネーシがシバタケ祭りをした。神役は神社の帰りに立ち寄り、甘酒を奉った。

この広場では漁祭りも行われていた。また、盆には七夕から十三日まで毎日盆踊りが踊られる。盆踊りでは、釣り竿の先に鰹を吊るした小物や小さな俵を手に持つ。かつてはボゼメンもここで作っていた。現在、シバタケで行われているのは盆踊りだけである。場所をずらして踊っている。

⑧ **ゲーロークイ**

坂森神社境内のセンミョウガランの土手の上の枇榔樹林である。集落内で枇榔樹の林があるのはここだけである。

かつては四季の祭りの神饌の煮炊きに使う薪は、この林から集めていた。現在は神山という認識はない。一部の枇榔樹は伐採され、村営住宅の一部になっている。

⑨ 大麦（字名）の神々

大麦は集落から八幡神社に向かう途中にある。島の畑地は傾斜地が多いが大麦の畑は平坦な土地が広がる。眼前に地平線を見渡す景色の良い地であった。島で一番作物が育つ場所で、陸稲・裸麦・小麦・黍等の穀物の種は、大麦の畑で収穫した物から採っていたそうである。現在、大麦は牧場を経て放棄されている。

神祭りである小《こま》ヒチゲーに、神様が衣を洗濯して干すという桑の大木と古里《ふるさと》権現を祭る桑の大木がある。二〇一五年八月に現地を確認したところ、神様が衣を干す桑の木は既に枯死し、陽の当たらない竹のジャングルの中で茶色の幹だけが痕跡をとどめていた。古里権現を祭る桑の木も葉は殆ど落ち、太い根だけが大蛇の様に左右に延びていた。

桑の木には、かつては金色の山蚕の繭がびっしり付いていたそうである。隣接する畑の持ち主は、畑に枝が垂れてきてもけっして切らなかったそうである。

神様が衣を干す桑の木では祭祀は行われない。古里権現を祭る桑の木は、そこから一〇〇メートル程南に降りた所にあり、祭祀補助者である下役の「水汲み」が木の根元に弊を納めて祭祀を行う。近くの畑は古里《ふるさと》と呼ばれていた。神役は八幡神社の祭りの帰りに、古里権現方向に向かって並び一礼をする。

古里《ふるさと》という地名は中之島にもあり、昔集落があったという伝承があるそうだが、悪石島では集落があったという伝承は聞かれない。

⑩ **御稚児様**

トンチ屋敷の東側、隣家との境の小森に祭られている。ヒチゲーの夜、神々が集まり御稚児様に酌をとらせるという伝承がある。ここには金の延べ棒が埋まっているという言い伝えがあり、Hさん（一九二九（昭和四）年生まれ）によると、青年達は宮の整備をしながら「ここを掘ったら金の延べ棒が出てくるかも」、「罰が当たるのよ」等と冗談を言っていたそうである。

⑪ **サンの山**

元々は集落で祭祀していたが、隣接するN家が引き継いだ。

三　浜の宮

浜の宮は、海と漁の祭神である。「大浦泊やすら浜港」を見下ろす丘にある。狭い境内に祠があり、海側から見ると枇榔樹の固まりと赤い鳥居が確認される。鳥居には鋸歯紋が施されている。四季の大祭では浜のホーイ（祝）と浜のネーシが祭祀を行う。

四季の大祭以外に、鰹を供えて祭祀を行うえびす祭りや浦祭りがあり、その際には個人所有の船の祭祀も行われていた。これらの祭祀は廃止されている。

（一）泊頭《とまりがしら》神社（泊頭大権現）

祭祀で清めに使うシュエーは、この神社の先の海辺から汲む。早朝、泊頭の浜で小さな手桶に波が打ち寄せる潮を汲む。手桶には笹を三本浸す。清めはこの笹で潮を振りまく。

（二）寄船《よりふね》神社（寄船大明神）

かつては海辺の石ころの中に鳥居が建てられていたが、台風で倒されたのを機に、丘に移動している。社殿がある。浜のネーシは、鳥居付近の平たい石の上に座り、神楽を上げていた。下野敏見は『トカラ列島民俗誌』[35]の中で次のように報告している。

「ヨリフネ大明神は「浜の神」ともいい、ミトヨセ八幡、ジュウヨセ（漁寄せ）のゴゼ、玉ヨセのゴゼ、イマヨシの前、ギョウバラのゴゼを合祀してある。ジュウヨセのゴゼは竜神といわれる。他は由来不明」。「ミトヨセ（御戸寄）八幡は湊に立つ立神である。人間も立ち、神も立って人間のための見張りをする番神で、他所の船の出入りの際に悪を祓う神である」引用は下野（一九九四：七九－八二）。

（三）恵美須神社（コトシロヌシの神社・恵美須大明神）

漁の際は、船の中から一礼する。左記は恵美須祭りのノトである。

恵美須大明神に参らする。天には諸天《しょてん》菩薩に参らする。日光、月光に参らする。山の神に参らする。漁《じゅ》に船霊に参らする。海にはジュグカイに参らする。御岳浜《みたけはま》にも参らする。恵美須殿西の方より浜の御神、東の方より西の宮、泊頭権現に参らする。

（四）その他

①年貢船の艫を置いた場所

年貢船の艫を置いた場所に石が置かれてある。周囲の竹藪を払い御幣が納められている。恵美須神社に向かう途中にある。

②湯泊まり一帯

神社の丘を越えた西側の浜にある。海から見ると枇榔樹林が広がり、左手に硫黄山が見える。枇榔樹林の端に池があり、小さなミナミシロイシカメが生息する。神の亀として捕獲を禁じられている。池のある地は、かつては入り江になっており、避難していた船が山崩れで埋まったという伝承がある。

現在、池は干あがっている。枇榔樹林には遊歩道が敷かれ、一帯は公園として整備されている。

③鍛冶屋跡

浜集落の山手に鍛冶屋跡があり、かつては祭祀を行っていた。

四　西の宮

港の東側の丘の枇榔樹林の中に、「西ノ宮若エビス」と「西の宮助三郎」が祭られている。浜の宮の（一）から（四）とは反対側に位置する。鳥居はなく、以前は祠があったが、現在はその場所に幣を納めている。西ノ宮若エビスは鰹釣りの竜神で、また他所から来た人が持って来る病気等の祓い神であるという伝承がある。

ここは有川姓以外から西の宮ホーイを立てて祭祀が行われる。その理由については、「有川組み（東の住民）が肥後組み（村の住民）をやっつけたから」という表現で伝承されている。

昔、有川姓の祖先は東の集落に住んでいた。東の集落と村の集落は船待ち場で合流して一緒に鰹漁に行くという取り決めがあった。ところが、ある日、その約束が破られた。先に着いた方が漁を始めたことから喧嘩になり、東の集落の若者が村集落の若者をイタブの木のシラ（船を海に降ろすときや陸に上げるときに敷き並べる丸太）で殴ってしまった。打ちどころが悪かったのか、その若者は亡くなった。

西ノ宮にはその死者が祭られている。約束を破って先に漁を始めたのは東集落という伝承と、村集落という伝承があり、それぞれの立場で言い伝えられたと思われる。それ以降、イタブの木のシラは使うなと言われている。

五　東の宮

東の宮がある東地区にはかつて集落があり、東のゼンジャク字にはトンジュ屋敷や寺屋敷があった。台風後に眺めると一帯には造成地跡らしきものが分かる。某氏が開墾したときには多数の壺類が出土した。今でも周辺を掘ると陶片が出土するという話を聞いた。年に一度、東の浜で行う白網曳きでは、ネーシは東の宮の東日表《あがりびおもて》の乙姫嬢様を参り、「東日表《あがりびおもて》の乙姫嬢様、枇榔さもがら、根神は八重森差笠のミコト様、下田《しもだ》には下田権現、上田《かみだ》には上田権現、神川、寺川、つうづう川よと名を教える……」と唱え、祈りを捧げた。

枇榔樹で覆われた傘形の姿形の美しい根神山《ねがみやま》があり、根神山の麓に「根神八重森差笠《ねがみやえもりさすかさ》のミコト」を、そこから三〇〇mぐらい離れたツボゴと呼ばれる枇榔樹林の中に「東日表《あがりびおもて》の乙姫嬢様《おとひめじょうさま》」を祭る。どちらも高くうっそうと茂る枇榔樹林が空を覆う中に祠があり、幻想的な雰囲気がある。鳥居はない。四季の大祭では本集落である村の寄せ宮で祭祀を行う。

(一) 根神《ねがみ》神社（根神八重森差笠のミコト）

根神は、琉球では村の旧家出身の神女をさす名称である。宮城栄昌は『沖縄女性史』の中で、「草分けの家のおなり（姉妹）は根神となり、えけり（兄弟）は根人となって祭祀と行政の合一で、村落の統制がおこなわれた」と述べる。[36]「差笠」は、おもろさうし辞典・総索引には、「「のろ」よりも上級の「きみ」階層の神女」とある。[37]

四季の大祭で、神饌を拵えるソンジャの建物はこの神を映して作り、祭っていると言われている。根神八重森差笠のミコトは男の神であると聞いたが、ネーシが中に入れない理由として、神様が嫉妬するからという伝承がある。男の神がネーシに嫉妬するのは不自然である。「ミコト」という表現が、乙姫嬢様に対比する男の神様として誤解されて伝承されたと考える。

ホンボーイ（本祝）のノト（納戸・祝詞）申し上げる次第には、「オネガミワ大明神トゾユワレタモウ、ソレニユワレタモウワネガミワヤヨモイサスカサノミコトヨトゾユワレタモウ」とあり、ノトの最後に「ノーマリノ村ギニ、サシカサノミコトヨトゾユワレタモウ」とある。漢字表記すると「お根神は大明神と祝たもう、それに祝たもうは、根神は八重森差笠のミコトよと祝たもう」、「のうまりの村君、差笠のミコトよと祝たもう」。ミコトは神子・神女・巫女か。ノーマリは何を意味するのかはわからないが沖縄の行政区域である「間切り」の転訛かもしれない。

下野敏見は、宝島の祝詞に、「女神八重盛佐志笠乃御前」云々の語があって「ネガミヤヨモリサシカサノゴゼ」と読む、と報告している。

（二）乙姫神社（東日表の乙姫嬢様）

琉球方言では、太陽が昇る東を東日表《あがりびおもて》、太陽が沈む西を西表《いりおもて》という。東日表の乙姫嬢様は、太陽が昇る所におられる乙姫嬢様という意味になる。東日表の乙姫嬢様はかつての東の集落を臨むように祭られているそうである。ネーシに憑依する主要神であり、ヒチゲーの夜に、年に一度だけネーシと直会し神口達《かみこうだつ》する神である。ヒチゲーは、神々が集まり、作物の収穫等、島の一年について協議する日という伝承があり、人間には厳しい物忌みが要求される神行事である。この夜、東日表の乙姫嬢様は馬に乗ってくると伝えられている。ネーシの神口達では「東日表《あがりびおもて》の乙姫嬢様、女の身なら鬢《びん》つけ、鉄漿《かね》つけ、化粧のお歯黒、しらはの扇子に、しらはの薙刀、白毛のもん（馬）には白口打たせて（くつわ）、赤毛のもん（馬）には赤口打たせて……」とうたう。

伊波普猷は『女官御双紙』[38]の中で、沖縄には女人側乗の騎馬の風俗があったことを論じている。

> 「首里大あむしられ根神のあむしられ乗馬にて繼世門の外にて下馬被仕候事……首里大あむしられ根神のあむしられ如前繼世門の外より乗馬にて崎山の御嶽に被參云々」や、『聞得大君御殿並御城御規式之御次第』のおあらおりの條に、「知念のろ二人あむしられた三人女性たち白巾《しろざし》にて騎馬にて御通り、聞得大君御馬にて被召筈之處御馬被召候儀は御遠慮にて云々」引用は伊波（一九一九：五〇－五三）。

神名が示す「東日表」や「根神八重森差笠」、「東日表の乙姫嬢様」は馬に乗ってやってくるという伝承、ネーシの神口達の内容等を考えると、東の宮に祭る神は琉球系神女で間違いないと考える。

（三）ビロウサモガラ

東の集落と村集落の境を成す枇榔樹の森にいる神様だそうである。祭祀のノトに出てくるだけで、小宮や祭祀はない。

六　仏教文化の痕跡

村集落西端の共同墓地周囲に集中する。丘を均《なら》した土地に寺跡、隣接して共同墓地、丘の南法面には仏像類が据えられている。ここから離れた公民館敷地の一角に釈迦堂がある。いずれも、盆に祭祀が行われる。

（一）菩提所「曹洞宗 養徳寺」跡

養徳寺は薩摩藩福昌寺の末寺である。口之島太夫文書により、一六九六（元禄九）年には既に存在していた。[39]『七島問答』に、「廃寺アリ福壽山養徳寺ト云フ之ヲ平島ニアルモノニ比スレハ其結構稍寺院ノ体面ヲ見ルヘキアリ今一寺ニ属セリト蚩モ猶能ク補修ヲ加ヘハ爺々婆々或時ニ心ヲ慰スル処アラン」とある。[40]同様の記事は『島嶼見聞録』にもある。[41]

笹森儀助の『拾島状況録』には、「其佛ハ何レモ廃佛ノトキ其器具ヲ併セテ之ヲ焼棄ス。寺院存ス。然ルニ本年風災ノ為ニ倒ル」とあり、[42]笹森が調査した一八九五（明治二十八）年の風災により消失したことが分かる。

境内には和尚が顔を洗うのに使っていたという手水鉢や座禅石がある。墓地と境内境の小丘には宝篋印塔や航海安全を祈る弁才天、貞享元甲子（一六八四）年奏上の刻字がある観音石塔がある。笹森は「他ニ阿彌陀堂一個、養徳寺ノ下ニアリ。また其傍ニ石像ノ地蔵アリ」と記す。これは共同墓地の南側法面の像である。下野は「地蔵菩薩像、三宝荒神」と説明している。[43]ほかに伽藍堂を祭る。

墓地入口には寛保元年（一七四一）吉日寄進の刻字がある仁王像、貞享二（一六八五）年刻字がある無縁供養造立の碑、和尚像等がある。墓参りの際には、無縁供養造立の碑、和尚像の順にお参りをしてから先祖墓に参る。無縁供養造立の碑は「島立て世立ての御大将」あるいは「島立て世立ての御神様」と呼ばれており、ネーシが神懸かりで祈願する神様である。金山の神社とトンチで祭る。

この区画は、石塔類の年号から推測すると、一六八〇年代に共同墓地を隣接する寺区画として整備されたものと考える。

現在は、寺の境内に代用小屋があり、一日・十五日の墓参りの際には、祭壇に線香と焼酎を供えお参りしている。盆には、この小屋の前に施餓鬼棚が設営され、水祭りが行われる。

(二)　釈迦堂

寺から離れた公民館敷地の一角に祠がある。現在はコンクリート製の祠であるが、かつては枇榔葉で葺いたコバ宮だった。盆には水祭りが行われる。公民館庭では盆踊りが踊られる。

釈迦堂では釈迦祭り（花祭りとも言う）が行われていた。釈迦の誕生日である四月八日に、カライモ（甘藷）でお釈迦様の人形を作り、水を張ったビンダレ（顔や髪を洗う洗い桶）の中央に座らせる。大名竹筍の太い節を一節切り取って、小さな竹の柄を付けた柄杓を五個作る。それを釈迦堂の前に供える。

住民は花々を手に参り、枇榔葉の屋根に花を挿し、花米、焼酎、線香をあげる。筍の柄杓で人形の頭に水を三回かけて、自分の掌にも水を汲んで目を三回洗った。釈迦は目鼻に良いらしいと言われていた。釈迦の入滅の日である二月十五日のお参りは、焼酎と線香を上げるだけで花は飾らない。

七　トンチについて

七島にはトンチ屋号の家がある。漢字表記は殿内とされている。殿内について、沖縄民俗辞典[44]には次のように説明されている。

「殿内は家や屋敷を表現する言葉で人には使用しない。狭義には総地頭家の親方家をさし、広義には脇地頭以下の士族の邸でもある。また、聞得大君の下に「三平等の大あむしられ」とよばれる三人の神女がおり、その屋敷・神殿もそれぞれ首里殿内、真壁殿内、儀保殿内と呼ばれ、地方のノロの屋敷・神殿もノロ殿内と呼ばれる」引用は沖縄民俗辞典。

トンチは最も家格の高い家で神屋敷と認識されている。島立て世立ての御神様はトンチの神棚に祭る。庭には神役ネーシが神祭りをする石がある。村落祭祀においては重要な家であり、神祭りのヒチゲー行事初日には神役七人がトンチの神棚に参る。大年の四月祭り（麦の祭り）と中年の八月祭り（粟の祭り）に行われる親火祭り[45]では、トンチを筆頭とする七所《ななところ》の家で、「七所《ななところ》の呼《よ》ばれ」の火の神祭りが行われる。また、旧盆の家回りの盆踊りはトンチから始まる。子孫によると、トンチの庭は「オーの庭」と言われていた。また表門は、女性は生理の時は通れなかった。家の中の表間も同様だった。通常は台所がある離れの門を使用したそうである。

トンチに似た名称として、トンジュがある。Mさん（一九一四（大正三）年生まれ）は、トンジュは島司《しまつかさ》で、侍時代までの島司はトンジュと言っていた。今の集落の総代だと話した。つまり、島の政治的役割を担う人であり、島民の代表である。

沖縄の殿内に例えると、トンジュ・島司の屋敷は親方や総地頭家の邸宅にあたる。神屋敷であるトンチは神女の屋敷・神殿になる。七島のトンチが両方を意味する家格であるのか、トンジュはトンチの家主だったのかは確認できなかった。伊藤幹治は宝島のトンチについて次のように報告をしている[46]。

「宝島には「トンジュ」（殿主）とよばれる島司がいて、島の行政権のすべてが、この「トンジュ」によって掌握されていたという。現在、平家の末裔といわれ、草分け筋の本宗の位置を占めている「トンチ」（屋号）が、「トンジュ」の直系の子孫と伝えられている」引用は伊藤（一九八八：四六）。

下野敏見も「トンチは昔、殿主《とんじゅう》の居住地であった所」「トンジュウ（殿主・昔の島司）」と報告している[47]。少し長くなるが、トンという言葉と火の神祭りについて、仲松弥秀の論を引用し考えてみたい。仲松弥秀は『古層の村』[48]の中で、次のように述べている。

「沖縄の古くからの村落には、「殿（Tun）」か、そうでなければ「神アサギ」といわれている、神を招じ入れて祭祀が行われる場所がある」引用は仲松（一九七九：五〇）。
「炊事場のことをトングヮ、トーラなどと言っているが、ウスムトとも言っていた。（中略）昔の民家が何故に母屋と炊事屋を別棟にしていたかについては、炊事煙を居間に及ぼさないため、という説と、炊事屋を尊崇していた古代の慣習からきたもの、とする説とがある。筆者は後者、即ち炊事場所を古代神聖視していたからだと思っている。

というのは、トングヮとは殿倉である。殿とは神を祭祀する場所のことで、倉は建物を意味する。炊事はカマドと火がなければならない。たんなる三ツ石はカマドではなく、また野火も神とはされない。カマド神といい、火の神と、表示のしかたは異なっていても、結局は同じものであって、火食の神ということになる。カマドと火があって、はじめて家族を養う食が得られるのである。火の神は家の養育の神、生命を与え存続させる神である。

この家庭を保育・繁栄さす火の神のいます場所が台所であり、女子がこれと関係することから、女子は家のウナリ神、男子の護り神との思想がおこる、この家庭の集まりがマキ集落となる」引用は仲松（一九七九：七二－七三）。

トンチは神屋敷とされているので、その意味からはトンチのトンは殿であると解釈される。大年の四月祭り（麦の祭り）と中年の八月祭り（粟の祭り）に行われる親火祭りでは、ホンボーイと神役ネーシは家回りの神楽が終わってからシュエー（潮）を汲みに行き、取ってきたシュエーはトンチの木戸口に置く。その夜は総代の家で火の神祭りを行う。翌日の七所の火の神祭りはトンチから始まる。トンチに入るときは木戸口のシュエーで身を清める。

大年の四月祭り（麦の祭り）の火の神祭りでは、七所では香煎（麦を煎って粉にする）に黒砂糖と蒸かしたカライモを混ぜた、チキイという団子を九つ（大一個・小八個）盆に盛り、その上に柴を二本供えて待つ。九つの団子は火の神を意味する。神役ネーシとホンボーイはその柴を取って火の神の祝詞をあげる。

女の子は「火の神の餅貰い」と言ってついて回ったそうである。Yさん（一九三二（昭和七）年生まれ）は子供の頃の想い出として次のような話をした。「餅を食べたくてついて行こうとしたら、男ん子は食べたらいかん、食べたらキンタマがちぎれるぞと親に止められた記憶がある」。つまり、火の神祭りは女の祭りであることが分かる。

仲松弥秀の論で解釈すると、火の神祭りが行われる七所の家は、集落の草分け的存在の家と言っても良いかもしれない。トンジュがトンチの家主であるなら、総代の家で行う火の神祭りは、島の政治的役割を担う代表の座がトンジュから総代に代わったことにより行われるようになったと考えることができる。

八　結論

以上が村落祭祀の祭場となる神々と聖地である。小さな島に多くの神々と聖地があることが分かる。

悪石島の神々と聖地の特徴は、本土系神々と琉球系神々とが混在することである。七島に仏教や神道や琉球系神々が流入されたのはいつ頃なのだろうか。

『拾島状況録』の中之島の寺院の項に、「法藏寺天正年間ノ木像観音及時代不詳鐵佛一個、真鑄ニ金ヲ含有スル佛像四個アリ。法洗寺ハ木像阿彌陀ノ立像アリ。臺下天正十三年聚福本尊秋辰庵主ト記ス」とある。[49] 天正年間に中之島に寺が存在したと言うことは、その時代には他の七島の島々にも仏教が伝来していたと言うことである。

共同墓地に隣接する悪石島の寺区画は、無縁供養造立の碑に貞享二（一六八五）年の刻字があることから、悪石島の寺区画は一六八〇年代に整備されたと推測できる。島の開祖である「島立て世立ての御神様」は金山の神社とトンチに祭神として祭られている。金山の神社の設立年代が一六八五年以前なのか、その後であるのかは定かではない。

七島は地理的には琉球と薩摩の境界地域にある。片足は琉球に属していた時代があったという伝承もある。『李朝実録抄（琉球関係史料）（五）端宗大王実録』に、「去庚午年、貴国人四名、臥蛇島に漂泊す。島は琉球・薩摩の間に在りて、半ばは琉球に属し、半ばは薩摩に属す」という記事がある。[50]『琉球國由來記巻八 那覇由來記』に、「若狭町小名「トカラ小路（往昔、トカラノ島、當國ノ御手内之時、彼邊ニ宿シタルトナリ。故ニカク云トゾ）」」とある。[51]

七島は琉球と交流があった。しかし、薩摩藩の琉球侵攻（一六〇九（慶長十四）年）の際には、七島衆は水先案内を務めている。[52]つまり、七島が琉球との交流を通して文化の流入・影響を受けたのはそれ以前になる。

紙屋敦之は、七島の置かれていた状況について、「琉球・薩摩の政治支配から自由だった交易集団」とする見解を述べている。[53]政治支配から自由な状況下においては、祭祀文化の流入に強制はなかったと考える。

神々と聖地にはいくつかの特徴がある。一つ目は神社の鳥居に鋸歯紋が描かれていることである。鋸歯紋は古墳の壁画や銅鐸等にも見られる紋様である。二つ目は浜の宮、東の宮、村集落内に点在する小宮には枇榔樹が茂ることである。枇榔樹は神が宿る神聖な樹とされ、琉球の御嶽でよく見られる樹木である。Kさん（一九五二（昭和二十七）年生まれ）は、枇榔樹林は自然林ではなく植林の様相があると話す。神々を祭る聖地に意識的に枇榔樹を植えた可能性が考えられる。

村の宮は氏神を中心とする神々である。豊作祈願・収穫祭である四季の大祭は、村の宮を中心に行われる。宮祭りは、八幡様の父親を祭るにわつき三郎から祭祀が開始され、八幡様の母親を祭るジュウシノゴゼが最後になる。にわつき三郎はホンボーイが、ジュウシノゴゼはホンネーシが祭る。父親、八幡様、母親と物語性が作られている。

神社の仕様は、境内に複数の神を祭る。多くはかつての生活基盤であった海や漁の神である。漁寄せの神、沖の神、海上の神である住吉大明神、住吉神に関連する荒人神を祭る。金山の宮の小宮では、「かつおを釣ったどー、溢れるごと釣ったどー」と鰹の豊漁を触れる、おらび祭りが行われる。

小宮には北山殿、馬場口殿、サノキの御主殿、サイモ次郎殿、祝詞文言にはソーノサダナガ、サダスヱ、大石殿など、個人名を思わせる神名も多い。これらの名が意味することは分からないが、海や漁に関係して何らかの影響を与えた人物である可能性もある。

浜の神々は、鰹漁や飛魚漁が盛んだった島ならではの海の守り神や漁の神である。かつて重要だった年貢船や鍛冶屋跡も祭祀の対象とし、漁を巡る諍いで起きた悲運な死者を祭る西の宮の存在など、海の民の歴史が伝わってくる。寺境内にも航海安全を祈る弁才天や観音石塔がある。

東の宮の祭神は琉球神女を祭る。男性神役優位に祭祀が展開される宮祭りでは、八幡神社や坂森神社の本殿の中にネーシは入れない。東の宮の琉球神女の神名を映して作られたソンジャの中にもネーシは入れない。琉球神女を祭る東の宮の寄せ宮の祭祀を行うのはホンボーイである。神役ネーシが祭祀を行う小宮は限られている。

ネーシ優位の祭祀は、大年の四月祭り（麦の祭り）と中年の八月祭り（粟の祭り）終了後に行われる大中《おおなか》の祭り、親火祭り・火の神祭り、シバタケ祭りである。シバタケ祭りは神役ネーシ以外のネーシも参加しネーシだけで行われる。シバタケ祭りでは、東側の土手に竿竹を立てて反物を打ち掛ける。火の神祭りやシバタケ祭り祝詞には琉球言語が認められる。ネーシ優位の祭祀は琉球系祭祀との関係性が認められる。

四季の大祭でホンボーイが唱える「ノト申上ル次第」には、島を形成する主要な山・岬・瀬と共に、八幡大菩薩、えびす大明神、大浦泊まりやすら港寄船大明神、お根神は大明神、根神八重森差笠のミコト、枇榔さもがら、のうまりの村君差笠のミコトの神名が出てくる。

下野敏見は「トカラ列島の聖地と世界観は、基層は琉球に連なりながら、表層はヤマトの影響を強く受け、両者が複合している。それも決して単純な積み重ね状態ではなく、歴史的な変化を伴いながら螺旋状に近い状態で、タテに連続しているのである」という見解を述べている[54]。

神々と聖地やネーシ優位の祭祀には琉球祭祀の影響が見受けられる。しかし、似てはいるが同じではない。琉球文化を基層としているのか、それとも琉球との交流の中で得た祭祀情報を七島の事情に合わせて導入したものなのかは検討が必要である。

これらの神々と聖地が村落祭祀にどのように関係してくるのかは、個々の祭祀の中で確認していきたい。

第五章　村落祭祀を担う祭祀組織

一　はじめに

集落共同体は、年間を通して行われる村落祭祀を軸に動く。村落祭祀を担うのは祭祀組織「神役七人」である。神役七人は男神役五人と女神役二人で構成されており、四季の大祭では、この他に西の宮ホーイと祭祀補助役五人が加わる。祭祀補助役は下役と言う。また、村集落の中からえっとうや（当屋・頭屋）を務める家が選ばれる。神役七人は最も重要な役職にある人達であり、島の事に欠かせない人達である。慶事の席にも必ず招待された。村落祭祀や祝い事、祓い等の席で行われる神楽は、「神の子七人」すなわち「神役七人」が揃わねば上げられぬと言われた。

本稿では、村落祭祀を担う祭祀組織はどのような仕組みで構成されているのか、「神役七人」および四季の大祭のみの役職である「西の宮ホーイ」や「下役五人」の選出方法、名称、役割について紹介する。

二　神役七人

（一）男神役五人

男神役は氏子総代であるホンボーイ（本祝）、副司祭者であるダイクジ（大工司）、集落の代表である総代、浜の宮の祭祀を担当する浜のホーイ（祝）、神饌の係であるセイクジ（細工司）の五人で構成されている。男神役の地位は記した順位で、宮の参拝も全てこの順序で行われる。ただし、座はホンボーイの次に総代が座る。島の司として総代をたてている。

ホンボーイの選出は、霜月祭りが終わってから、先祖正月のセツギ迎えまでに行う。先祖正月とは旧正月より一月早い親霊《おやだま》祭り（小正《こま》月・七島正月）のことで、セツギ迎えとは親霊すなわち先祖霊を迎える準備を始める日である。先祖正月までにホンボーイの選出を済ませるのは、先祖正月が始まると清めのシュエー（潮）が取れなくなるからと聞いた。他の神役および下役は新年の初集会で決める。

①ホンボーイ（本祝）

氏子総代であり、氏神である八幡神社を管理する。祭りの総責任者、主司祭者である。ホンボーイの関与がない祭祀は、先祖正月である親霊祭りだけである。祭祀の他に、お伊勢講の宿決めや次のホンボーイ選出の御籤（神籤）も取る。

ホンボーイは、元々はシタンエと呼ばれる屋号の家が世襲していた。シタンエ屋号の家は、有川家の本家で東の集落から来たという伝承や大船の船頭をしていたという伝承がある。トンチ同様に有力者の家であり、神祭りにおいては重要な家である。

シタンエには、天保十（一八三九）年、安政二（一八五五）年、万延元（一八六〇）年に神官講習および「風折烏帽子可着浄衣者仍許状」を受けた書状がある。[55] 屋敷には、神を勧請して遙拝するカンキンジョ（神勤所？）がある。八幡神社は集落から離れた場所にある。カンキンジョは毎月行わなければならない一日と十五日の祭祀を行う場所として設けられた。

一九二七（昭和二）年に世襲を辞退する。それ以降、ホンボーイは全戸長を対象に御籤で選出するようになった。[56] 任期は霜月祭りまでとされたが、辞退の申し出がない限り交代はなかった。ホンボーイに選出されることは名誉なことであり、十年間務める人もいた。現在は一年交代の輪番制である。

②ダイクジ（大工司）

副司祭者になる。全戸長を対象に引き籤で決める。坂森神社を管理する。四季の大祭では、ホンボーイや浜のホーイ、総代の使いである宮司《みやつかさ》とともに幣かきをする。幣かきとは御幣や串、注連縄等の祭祀用具を作ることである。神社では御戸開きの祝詞をあげて本殿の扉を開ける。ホンボーイが滞りなく祭祀を進行できるように本殿や境内小宮の祭殿を整える。ホンボーイが取る御籤が上がって来ない場合は、替わって御籤を取る。

③総代（現在の自治会長）

集落世話人であり、集落の代表者である。時代とともに呼称の変遷があり、総代の前は世話人、区長、その前は島司《しまつかさ》、藩政時代はトンジュと言っていたそうである。各家の内神を祭る金山の神社（秋葉・霧島・金毘羅・島建て世建ての御神様の合祀）を管理する。金山の神社本殿の弊や祭殿に供える団子、参拝者に振る舞うシオケ（煮染め等の振る舞い料理）等を準備する。

先祖祭りである親霊祭りでは集落代表として祝いの謡を捧げ、千本焼酎祭りを行い、親霊のお立ちの煎り大豆を作らせる。盆にはホンネーシと共に寺で施餓鬼祭りを行う。

④ **浜のホーイ（祝）**

浜のホーイは浜の宮の祭祀責任者である。全戸長を対象に引き籤で決める。大祭当日は、浜の宮で浜のネーシと共に祭祀を行う。浜の宮の祭祀終了後は金山の宮の祭祀に合流する。

⑤ **セイクジ（細工司）**

神饌の責任者であり、ソンジャを管理する。全戸長を対象に引き籤で決める。四季の大祭では、シトギを入れるショウケ（ソウケ・竹笊）を編み、下役のカマコサギに指示しながら、各家から集めた五穀で飯を炊き、ゴス（御炊）やシトギを作る。中年の八月祭り（粟の祭り）では円錐型の長粽を作り、霜月祭り（カライモ（甘藷）の祭り）ではカライモを蒸かす。神社では甘酒を作る。

（二）女神役二人

① **ホンネーシ（本内侍）**

ホンネーシは、村のネーシあるいはトコロ（所）ネーシともいう。トコロとは集落共同体、公共を意味する言葉である。本集落である村に住むネーシの中から選ばれる。ホンボーイと共に村の宮の祭祀を担当する。

② **浜のネーシ（内侍）**

浜のネーシは、居住集落は問わない。浜の宮の祭祀を浜のホーイと共に行う。浜の宮の祭祀終了後は金山の宮の祭祀に合流する。

女神役の地位はホンネーシが主になる。主な役割は神楽である。四季の大祭では祝詞を唱え、祭祀を行う。神楽のないヒチゲー行事（ヒチゲーの章を参照）では魔除けの符を作り、神口達《かみこうだつ》を行う。親霊祭りでは、親霊（先祖霊）と交信し、親霊のお立ちを知らせる（親霊祭りの章を参照）。

神役ネーシは世襲ではない。家柄も問われない。ネーシが多数いた頃は、ホンボーイが司祭する御籤で選出された。高齢や健康上の理由等で辞退があったときだけ交代が行われたので、極端に若いネーシが選出されるようなことはなかったようである。

新神役ネーシの儀式は「神調《かみしら》べの式」と言われ、大年の四月祭り（麦の祭り）と中年の八月祭り（粟の祭り）に行われる、「大中《おおなか》の祭り」、「シバタケ祭り」終了後に総代の家の庭で行われた。神調べの式では、ホンネーシの祝詞が終わるまでにシケがかかり、神懸かりできることが要求された。シケがかかり神懸かりができれば正しい神を戴いていると承認される。

神調べの式について、数人の方に聞いてみたが、最後に行われてから年数が立っていること、大中の祭りと類似しているらしく、記憶に混乱があり明確ではなかった。ネーシがキンの着物を着ている、頭にカンネ蔓を載せている、首に数珠を掛けている、餅搗き臼を横にして腰掛けるということは共通していた。

違いは、臼が二つでネーシが二人とも腰掛けていた、臼は一つで一人が腰掛けていた、臼に腰掛けた新ネーシの脇に神役ネーシが立っていた、新神役ネーシだけが頭にカンネ蔓を被っていた、神役ネーシは二人ともカンネ蔓を被っていた等だった。

ホンネーシだったSさん（一八九九（明治三十二）年生まれ）も同様だったが、迷いながらも、「大中の祭りでは、臼を二つ倒し、神役ネーシが二人とも頭にカンネ蔓を置いて、腰掛けていたのではなかったかな、日の丸扇子を広げて胸に水平に当てて、「てんちく（天竺）の、あんぼうが原のチョンチョンやがほし、送り届ける……」と歌いながら、横に倒した餅搗き臼の回りを三回回る。これはホンネーシしかできない。やがほしは天の星のことだと思う。頭のカンネ蔓は、終わったらジュウシノゴゼの神山に納める」と話された。また、キンの着物は黄色い柔らかい着物だったという。キンは絹と思われる。

下野敏見は「トカラ列島ネーシのイニシエーションと機能」の中で次のように報告している[57]。

「座元の庭に筵を敷き、臼を横になし、その上に新ネーシに蔓を被らせて坐らせ、ホンネーシはそのヒモト（日元＝東側）に、ハマノネーシはヒシタ（日下＝西）側に並び、ネーシが祝詞を唱えると新ネーシはシケがきて神懸かりし、舞いをする」引用は下野（一九八九：四〇一）。

おそらく、神調べの式は、大中の祭りと同じ形式で行われていたと考える。筵の上に餅搗き臼を横にして、蔓を頭に載せた新神役ネーシが腰掛ける。両脇にホンネーシと浜のネーシが立つ、あるいはホンネーシだけが立つ。ホンネーシが上記の祝詞を唱えながら臼の回りを三回まわる。その祝詞が終わるまでにシケがかかり、神懸かりができると神役ネーシとして承認される。

一九四〇（昭和十五）年に宝島の調査をした桜田勝徳は、宝島のカミダシについて次のように報告している[58]。

「カミダシとは女の神役であるネェーシの就任の式ともいうべきもの。カミダシには彌吉の家のオモテのカドに搗臼を伏せ、これに新任ネェーシが柴を被りながら腰をかける。この柴は笹であり、新任ネェーシはその笹を手に持ち、これを頭にかざしながら腰をかけるのである。（中略）前任のネェーシは新任ネェーシの前に立って、ガランを手に持って火の神のノリトを唱えつつ三度まわり、このノリトが終わって前任、新任のネェーシがいっしょに少し舞う。以上がカミダシといい、また柴を被るからシバカブリともいう」引用は櫻田（一九六六：九四〇－九四一）。

三　西の宮ホーイ（祝）

四季の大祭で西ノ宮の祭祀を行う。有川姓以外の者から選出される（神々と聖地の西の宮の項を参照）。西の宮の祭祀終了後は金山の宮の祭祀に合流する。

四　祭祀補助役

四季の大祭の祭祀補助役、下役である。

①宮司

総代の使いとして、幣かきをする。役割はこれだけである。引き籤で決める。

②カマコサギ

方言で擦ることを「こさぐ」と言う。釜の煤をこさぐ（擦る）。つまり、薪で炊事する時代の調理手伝いを意味する表現だと考える。引き籤で決める。セイクジを補佐する役として最も忙しい。

煮炊きに使う薪を集め（昔はゲーロウクイの神山から調達）、セイクジの指示を受けながら、神饌に使う五穀を各家から徴収する。ソンジャでセイクジと共に神饌やゴス祭りの準備をする。ゴスの初《はつ》は新しいショウケに盛り、桑の葉を一枝乗せて神役の家に届ける。神社では、ダイクジの指示を受けながら小宮の祭殿を整える。

③ **一郎**

神社への荷役。引き籤で決める。ソンジャから樽に詰めたゴスやシトギ、粽・ふかしたカライモ等の供え物を運ぶ。神社ではセイクジと甘酒を作る。カマコサギを手伝う。

④ **二郎**

一郎に同じ。

⑤ **水汲み**

水道がなかった時代は、祭りに必要な水をタッゴンカワ（湧水地、タンゴンカワと表現する人もいる）から汲んで、ソンジャや神社に運んだ。一郎・二郎と共にカマコサギを手伝う。また、宮祭りの際には、大麦の古里権現を祭る桑の大木の根元に幣を納め、土祭りをする。

五　結論

男神役の内、ホンボーイは世襲であったが、他の神役は全戸長を対象にした引き籤で決める。女神役は新任に際し神調べの式が行われる。ネーシは神と人間との唯一の媒介者である。正しい神を戴いているかどうか、神役ネーシとしての務めを果たせるネーシかどうかの審査が行われた。

七島の祭祀組織は、ホンボーイ（オヤシュウと表現する島もある）と神役ネーシが存在することは共通しているが神役の総数や名称は島により異なる。他島の神役および祭祀補助役の具体的役割の詳細な報告は確認していない。宝島の祭祀組織については、桜田勝徳、伊藤幹治[60]、下野敏見[61]等による報告がある。宝島の男神役は世襲制で、女神役の選出には家柄が求められた。宝島では女神役が三人いる。家柄の良いガラス（ホンネーシ予備群）を予め選び、その中から籤を取らせて二人を決める。もう一人はトンチ（分家を含む）からキミガミ（君神）を選ぶ。キミガミは平家のヌーシとも言われ、平家堂を管理する。女神役に家柄を求めるのは宝島とその属島である小宝島だけである。神役に権威付けがされている。宝島は、かつては七島の中心をなす親島だった。それを社会構造化できるだけの人口と経済力があったと考える。

神役七人、西の宮ホーイ、下役全員が組織的に機能して行うのは四季の大祭だけである。四季の大祭では、それぞれの役割が細かく決められており、日程に沿って祭祀は厳粛に行われていく。村落祭祀の多くは、ホンボーイを中心に、男神役が優位に立って進められていく。男神役と女神役に上下関係があるのか尋ねたところ、「どっちが上、下ではなく、座が別なのだ」という返事があった。

村落祭祀は年間を通して数多く行われる。貨幣経済が主流になるまでは、神役の報酬は無報酬に近いものであった。日常の仕事をしながら神役としての務めも果たす。霜月祭り調査時にホンボーイを務めていた方は、「島に何か災難があると拝み方が足りないからではないかと言われる。この役はいわば奉祀であり、精神修養だと思わなければできない」と話された。神役は名誉職であり、使命感によってその役割が支えられていたと言えるであろう。

村落祭祀における神役七人、西の宮ホーイ、下役の関与と役割については、個々の村落祭祀を通して確認する。

第三部　村落祭祀

一年の締めの祭りとなる霜月祭りが終わると、七島の島々では大事な祭祀が続く。先祖が主役となる親霊《おやだま》祭り（七島正月）、神々が主役となるヒチゲー、人間が主役の大《おお》正月（旧正月）である。大地も人も休息し、新しい年の始まりに向けてエネルギーを蓄える年替わり・節替わりの時期に、先祖・神々・人間を主役とする祭祀が続くのである。

悪石島の村落祭祀は三月と神無月を除き毎月行われる。二月の初祭りは、大地も木々も休息から覚醒し、農耕の準備を始める作《さく》の祭りである。四季の大祭は、二月の初祭り（作の祭り）を皮切りに、大年《おおとし》の四月祭り（麦の祭り）、中年《なかとし》の八月祭り（粟の祭り）、霜月祭り（カライモ（甘藷）の祭り）と続く。その間には正月・五月・九月に「お伊勢講」と山の神を祭る「お講」が、五月に「菖蒲の節句」、「恵美須祭り」、六月に「浦祭り」、七月に「盆」、九月に「重陽の節句」がある。

本章では、これらの村落祭祀の中から、先祖が主役となる親霊祭りと盆、神々が主役となるヒチゲー、豊作祈願・収穫祭である四季の大祭、正月行事の初山を取り上げる。個々の祭祀の詳細を明らかにし、祭祀に流れる文脈を通して、共同社会の中で人は何を望み、何を願い、祭祀を行うのか、村落祭祀に込められた祈りの精神世界に迫る。

なお、祭祀の日程は旧暦である。

第六章　先祖の祭り

一　親霊《おやだま》祭り（七島正月）

（一）はじめに

旧正月のひと月前に、七島で行われる先祖正月は七島正月の名で知られている。新暦正月よりも旧正月を大事にしていた頃には、七島正月、新正月、旧正月と正月を三回することになり、初めて赴任した教員等に珍しがられた。

七島正月は島ごとに独自の呼び名があり、悪石島では、旧正月を「大《おお》正月」、先祖正月を「小《こま》正月」あるいは「親霊《おやだま》祭り」と言う。親霊とは先祖霊のことである。口之島では「ナンカン（七日）正月」、中之島では「親霊さん」、平島では「爺婆祭り」、小宝島では「平家正月」等と表現している。他にも先祖の日が来る、ホトケの日が来る、爺・婆の日が来る等の言い方もするが、祭祀の主役である先祖様を「親霊《おやだま》」と表現することは共通している。

七島正月の由来は各島共通である。「島津の殿様が琉球征伐に行くために、七島の人に水先人になってくれと言うことで、正月を済ませて行かなければいかんということになり、一月早めて正月をしたと聞くものだった」という語りで伝わる。平家伝承にちなみ、平家正月という伝承もあるが「親霊祭り」という表現からも分かるように、認識は先祖の正月である。

(二) 親霊《おやだま》祭り(小正月・七島正月)の日程と行事の詳細

十一月十四日

セツギ迎え。セツギ迎えとは先祖様の迎えのことである。家の煤を掃い、家の後壁にユズリハを挿し、先祖様を迎える準備をする。この日からホトケの日に入るため、清めに使うシュエー(潮)が取れなくなる。

十一月二十七日

この日から奥山には行かない。夕方遅くなるまで外での仕事はしない。

十一月二十八日

夕方、床の間に位牌を降ろす。床の間には新調した親霊筵を敷き、その上に位牌を置く。親霊筵を敷くのは、親霊が滑らないようにと言われていたそうである。位牌の前に雨戸等を卓にして棚を設える。茶湯と灯《あかし》をし、親霊が入り易いように、床の間側の障子を少し開けておく。庭先に親霊の通りの妨げになるような物は置かない。

十一月二十九日

この日は先祖様の年の晩になる。翌日は十二月一日で先祖様の元日になる。墓参りに行き、ユズリハを供える。庭のオモテカド(表角・床の間側)にセツギを組む。五〇cm位のタブの木を割って井桁に組み、四隅にユズリハとヒサカキを立て、中央に、小皿に盛った飯を供える。

Mさん(一九三七(昭和十二)年生まれ)の家では、「庭先に、三方にソテツの葉を立てた棚を作り、小皿に飯と餅を入れて載せていた。他の家でもしていたかどうかは分からないが、これは家族が全員島に揃っている時に行う。旅に出ている家族がいるときはしない」と話す。

床の間の位牌の前に丸餅四個又は六個を盛った漆器を二皿か四皿供える。七・五・三は神様の数なので、ホトケの供えは二・四・六にする。棚一杯に果物や菓子等も供える。飯・汁・漬物の膳を二膳か四膳供える。座の端にはホウケシュジョウ（乞《ほかい》衆生？無縁仏のこと）の膳を供える。これは、祭ってくれる人のいない霊が、先祖の膳に手を付けないために、先祖の膳より先に供える。

宵が入ってから、集落世話人である総代は、ガチ（使い走りの若者）を伴い、共同墓地丘の法面に設置されている仏像の前で跪き、「かえよう（嘉栄耀？）」の謡をあげる。各家でも、親霊に謡をあげる。

「かえよう」の謡　（三行目までの歌詞は山田流箏曲 祝儀曲「弓八幡」に同じ）
松高き枝も連なる鳩の峰　くもらぬ御代は久かたの　月の桂の男山
げにもさやけき影に来て　君万歳と祈るなる
神にあゆみを運ぶなり　神にあゆみを運ぶなり
かろうよ　いつまでも　めでたい　かろうよ

夜、男衆は、総代宅に集まり、島の祝い歌「年の始めに」や「マツバンタ」を歌う。この日は、「歌慣らし」と言い、「ゆうぶがたり（有賦人として仲間入り）」した十五歳の男子も参加する。男子は「ゆうぶがたり」をもって、一人前の大人として扱われる。

十二月一日

先祖様の元旦である。この日の膳は里芋の雑煮だけである。雑煮の中味は里芋二、三切れで、家によって汁のある里芋雑煮と汁なし里芋雑煮がある。

男衆は、夜、笹を挿したお神酒瓶と丸餅二つを持って、総代宅に集まる。持ち寄ったお神酒は大きな器に移す。総代から拝みを頼まれたホンネーシは、お神酒を柄杓で汲み、たらたら流しながらノトをあげる。ホンネーシの拝みが終わったらガチが餅を焼き、皆でお神酒を酌み交わし、「年の始めに」や「マツバンタ」を歌う。これを千本焼酎祭りという。

十二月二日

子供の初年祝いや元服祝い、十四歳になった女子の鉄漿《かねっ》付け祝いをする。親霊の供えの膳は、飯・味噌汁・漬物に戻る。五日まで同じ。

十二月五日

明日、親霊はカザンシタの海岸から先祖船で立つ。カザンシタに向かう道の藪を払い、お立ちの道作りをする。各家では、親霊の竹杖を四本作り、縁側の外（床の間側）に立て掛ける。

十二月六日

親霊のお立ちの日である。迎えの時と同様にセツギを組む。この日は親霊の座を盛大にする。餅と並べて米や粟を盛った漆器を二皿供える。膳には、飯・煮しめ・白和え・素麺を供える。肉や魚等の生臭い物は供えない（他島では魚や肉も供える）。

膳は親霊の数（位牌の数）だけ作る。先祖の数は最大十五から二十と決まっており、新仏が加わり二十一となっても、三年たつと二十に戻す。しかし、殆どの家では、家族や呼ばれる身内の人数、つまり食する人数分の膳を作り供えた。

縁側には、葉つき根つきのまだ若い里芋と大根を、根を外に向けて置く。その横に、新しいシタミテゴ（竹で編んだ背負い籠の大[62]）にカライモ・果物・カッシャ餅（月桃の葉で長方形に包んだ餅）・粽（月桃の葉で長円錐形に包んだ餅。盆の粽と同じ）・握り飯・重箱等を詰めて数個据える。どちらも親霊に持たせる土産である。シタミテゴの数が少ないと先祖様が淋しがると言われ、四個供える家が多い。

シタミテゴの上に杖オウギ（長い砂糖キビ）を乗せ、手拭きタオルを掛ける。新ホトケがいる家では、生前使っていた着物と帯を風呂敷に包んで置く家もあった。

戸主は、昼の内に各家を訪問して線香を上げて回る。夕方、親霊に「かえよう」の謡をあげる。謡う前に雨戸を一回ドンと叩き、「戸ん（の）びんた（頭）から祝うてあげます」と言う。戸を叩くのは親霊に知らせるためだという。

総代はガチを連れて「かえよう」を謡いましたかと聞いて回る。謡える人がいない家では謡をあげる。

親霊のお立ちは、午後六時から七時の間に、ホンネーシを通して知らされる。ホンネーシは囲炉裏や火鉢の側で、親霊からのお立ちの知らせを待つ。ホンネーシの家には、総代の使いとしてガチが待機する。お立ちの知らせは、ネーシにシケがきて、「皆立つど」と知らせがある。この知らせは、神役以外のネーシにも同時にあったという。

一方、総代の家に集まっている各家の代表者（男性）は、知らせを待っている間に、持ち寄った大豆を煎って分配する。Aさん（一九三二（昭和七）年生まれ）は、当時を振り返り、皆で「年の始めに」を歌ったりして楽しかったと話す。

お立ちの知らせを受けたガチは総代に報告する。総代に報告した後、「オヤダマのお立ちー」と大きな声で叫《おら》び、皆に知らせる。各家では線香と茶湯をあげ、親霊との別れの準備をする。

総代の家では、集まっている人達全員で、総代の家の先祖を立たせる。次にトンチ屋号の家、シモドンチ屋号の家の先祖を立てる。これをトコロで立てるという。トコロとは集落共同体、公共を意味する言葉である。

トコロの先祖立てが済んだら、それぞれ家に戻り我が家の先祖立てをする。先祖立ては、一つ屋根に住んでいる親子では行わない。大抵は親戚同士で行うが、新ホトケがいる家を先に立てる。理由は、新ホトケは慣れていないので、置いて行かれないように先に立てるのだという。ホンネーシのSさん（一八九九（明治三十二）年生まれ）は、「新先祖は船に乗れないので、船の胴木に下がっていくと聞くものだった。まだきやためられて（清められて）いないからではないか」と話された。

最後に、シタンエ屋号の家が先祖立てをする。シタンエは、昔、大船の船頭をしていたという伝承がある。船頭を先に立て、乗り遅れる親霊がいるといけないからだという。

「先祖立ての儀礼」

床の間側と入り口側（又は縁側）に二人が向かい合って立ち、問答をする。床の間側の者はランプを持ち、入り口側の者は煎豆を持っている。

床の間側の者が「わや（おまえは）、ない（何を）噛むか」と言うと、入り口側の者が「おや（俺は）、のむじ（野虫？）噛む」と返して、位牌に向かって豆を撒く。これを二回繰り返し、三回目に、入り口側の者が「のむじ噛んで、噛み殺す」と言い、手に持っている豆を口に頬張り、むしゃむしゃ食べる。そして、大きな声で「福は内、鬼は外」と言いながら座敷中に豆を撒く。旅に出ている者がいるときは「福は内」だけを言う。最後に、「トンビンタカラは、いわい（家居）の隅にうえておじゃれ」と三回唱える。宝島では「とんびん袋は、やない（屋内）の隅に置いていけ」と言った。富の宝は家の隅に置いて行けという意味であろう。唱え言は、もう一つある。「みんな、いわい（家居）の隅から持って行っておじゃれ」と三回唱える。Aさん（一九三二年生）によると、何もかも災難を持って行ってくれという意味だと聞くものだったと話す。

それから、縁側の戸を開け、「えっし、えっし、えっし、えっし」と言いながら、家族皆で位牌・膳・供え物・土産物の入ったシタミテゴ・戸・障子・杖など全てを揺する。供え物を揺すりながら「みんな、持って行けよ」などと声をかける。一方では、囲炉裏でタブの生葉を焼く。なるべくパチパチ音を立てて煙が出るのが良いとされる。最後に、「あとしき（子孫）のない人も奉《まつ》っていってくれ」と言って、焼酎とホウケシュジョウの膳の料理を縁側から放る。

ホンネーシのSさんは、死んだ人の魂がネーシ（内侍）にかかり、「こんなにして、きれいにして、贅沢にして上げてくれて、ありがとう」とお礼をいうこともあると話した。

先祖立てを終えたら、先祖様にあげた膳を皆で頂く。これを「おした奉り（先祖様の膳をお下げして頂く）」と言う。

十二月七日

朝、床の間の位牌を仏棚に戻す。戸主はシュエーを取って来て、家の中、屋敷の周りの順に清める。これで親霊祭りは終わる。

（三）親霊祭りと言い伝え

ホンネーシのSさん（一八九九（明治三十二）年生まれ）の話

昔、本当にカザンシタの海岸に先祖様がいるかどうかを確かめるために、お立ちの日に魚釣りに行った人がいたそうだ。カザンシタに来てみたら、大きな船に、線香がいっぱい上がって出ていくのが見えた。その人は帰る途中に先祖様に会い、「おまえは今帰りか」と聞かれた。「はい」と答えると、「おまえの家は何もかも捌けはせず（取り計らえず）、他人は皆立っていくのに、自分達は何にも取りもできんば（土産類を受け取ることもできず）、立ちもできんで、ユルイ（爐）の中にお前の子供を一人蹴ちらかしてきたが」と言われた。帰ってみたら本当に子供は爐で火傷をしていた。

だから、お立ちの日にカザンシタに行ったらいかん。カザンシタは先祖様の道だから、お立ちの日に釣りに行くのもいかん。この話をすると身がズゥズゥし恐ろしくなる。これから考えると死んだ魂がいないとは思えない。

似たような伝承が柳田の先祖の話に出てくる。

「昔、良く稼ぐ若い夫婦者が、盆にも休まずに畠に出て働いて居ると、路を通る話し聲だけは聴こえて、その話をする人の姿は見えない。折角こうして戻って来たのに、何の支度もして居なかった。あんまり腹が立つから突き落として来たと言って居る。はっと思って胸騒ぎがして、急いで飛んで帰って来て見ると、小さい子が爐に落ちて怪我をして居た」引用は柳田（一九七六：八八）。

柳田は、北は秋田県の八郎湖畔から、南は鹿児島県の一つの離れ島まで、十数箇所の土地に分布して居ることを知って喫驚した例の一つとして上げている[63]。

（四）七島正月（親霊祭り）の由来と先祖船航行の語り

七島正月には、七島全島で編まれる語りがある。由来と先祖船の航行である。由来として語られるのは、七島衆が島津の琉球出兵の水先案内をすることになり、ひと月早めて正月をして出立したというものである。七島衆は朝鮮出兵、琉球出兵に際し、水先案内として島津軍を導いている[64]。徳永和喜は『海洋国家薩摩』の中で、七島衆について次のように述べている。「彼らは朝鮮出兵や琉球出兵に水先案内として島津軍を導いた海人であり、造船・操船術や航海術を持つ海上勢力的性格を有していた[65]」。七島正月と琉球出兵の時期には約三カ月のずれはあるが、伝承は歴史的事実を反映している。

注目するのは先祖船の航行の語りである。六日のお立ちの時刻は、各島によりネーシの託宣や月の高さを目安にする。悪石島では、宝島は夕方三時頃立たせると聞いていたが、宝島での聞き書きでは午後十時頃に発電所の電気をつけたり消したりしてお立ちの知らせをしている。悪石島は午後六時から七時の間、中之島は午後十時過ぎ、口之島は七日の夜である。

先祖船に乗った親霊は、南の宝島から出立し、各島に寄りながら行く。口之島に到着した親霊一行は、口之島の赤瀬という瀬に集まり、翌七日の夜に口之島の親霊と合流して、甑島に向かって立つ。平島では六日に他島の親霊の膳も供える。口之島では「十島の親霊」と言って、六日の夜にシオケ（煮しめ等）と焼酎を供える。これは下の島に親戚がいる家で行う。

悪石島のKさん（一九三一（昭和六）年生まれ）は、祖父達から次のように聞いていたそうである。

赤瀬に集まった七島の親霊は甑島に向かって立つ。口之島のネーシ（内侍）が、七日の夜に線香が上がって出て行くのを見たと言っていた。甑島の海岸に大きな穴があって、七島の親霊はその穴の中に入っていく。穴に入る時はススキが穴の内側になびき、一年後に出て来る時は外になびく。

（Kさんが）甑島出身の息子の嫁に親霊祭りの言い伝えのことを聞いてみたら、瀬々野浦という所に七島の魂がくるという穴があると聞いたことがあるそうだ。

口之島のIさん（一九三一（昭和六）年生まれ）やHさん（一九二九（昭和四）年生まれ）は、父親達から次のように聞いていたそうである。

六日の夜、下の島の親霊はグノメ崎辺に見えてきて、西の浜を通って虫くれ瀬という瀬に集まる。西の浜に住む人は、六日の夜にゴトン、ゴトンという丸木舟を漕ぐ音がしたと言うものだった。七日の夜、下の島の親霊と口之島の親霊は一緒になり、虫くれ瀬から鹿児島方面に向かって立つ。七日の夕方は瀬に向かって拝む。

虫くれ瀬は東の前の浜にあり、鹿児島方面に一番近い場所になる。グノメ崎は西の浜にあり、南から上ってくる船が見える場所である。赤瀬は北の端にある。南から上ってきた船が、東の虫くれ瀬に行くには赤瀬を経由することになる。先祖船の語りはかつての七島船の航行を彷彿とさせる。

下野敏見は、口之島での聞き書きとして「スズラ八方外の浜という所へ行く」と記録している。[66] スズラはセノウラ（瀬々野浦）の転訛の可能性もある。筆者が聞き書きした当時、口之島では「スズラ八方外の浜という所へ行く」という伝承は既に忘れられていた。同様のことは宝島でも経験した。Zさん（一九三〇（昭和五）年生まれ）は、「先祖は先祖船で甑島に向かって立って行く。東集落の先祖は「やんどまり海岸」から、西集落の先祖は「ひらこう海岸」から立つ。船頭は、乗り遅れる人がないように、その年の最後に亡くなった人がすると聞いている」と話してくれたが、そのことを一九四〇年生まれの島民は知らなかった。

（五）結論

先祖祭りである親霊祭りは、祭祀組織神役七人が組織的に機能して行う祭祀ではないが、神役七人の内、集落世話人である総代とホンネーシが関与し、祭祀の中心的役割を果たす。ホンボーイは全く関与しない。総代の役割は、集落代表として祝いの謡を捧げ、千本焼酎祭りを行い、お立ちの煎り大豆を作らせる。ホンネーシは千本焼酎祭りで祝いのノトを上げ、親霊と交信しお立ちの時刻を知らせる。

家の煤払いやユズリハの使用、年の晩・雑煮・祝い歌・初年祝い・年始回り同様の線香上げ等の表象は、小正月や七島正月の名が示す通り正月である。特徴的なのはユズリハを表玄関ではなく、家の後壁に挿すことである。親霊祭りの棚は盆と同じである。盆同様に無縁仏への供えがある。他地域では盆に行う、棚に筵を敷く行為や盆の言い伝えが伝わる。後記する盆の詳細と併せて比較すると明瞭である。

親霊祭りに流れるのは、ご先祖様に対する敬愛と敬畏の念である。集落を上げて親霊を迎えたことを喜び、一年の感謝と来る年の福を願い、共に正月を楽しむ。滞在中は毎日食事を供え、土産を持たせ、竹杖まで準備し、出来るだけの持て成しで送る。お立ちの際は先祖船に乗り遅れる親霊がないように、集落世話人である総代の家の親霊を最初に立て、次に各家の親霊を立て、船頭の家を最後に立てる。乗り遅れる人がないように、その年の最後に亡くなった人が船頭をするという宝島の伝承等も同じ主旨である。

一方で、親霊・先祖霊は穢れ、あるいは清めなければならない存在、居残って貰っては困る存在、粗末にすると災いをもたらす存在として捉えられている。親霊を迎えるセツギ迎えの日から、清めに使うシュエーが取れなくなり、親霊を送ったあとは再び取れるようになる。つまり、親霊・先祖霊は海を渡ってくる。親霊・先祖霊が漂う海は清ではない。

また、先祖立ての儀礼には強い排除の意識がある。豆撒きや唱え言、全ての供え物を揺すり、タブの生葉の弾ける音と煙で送り出す行為は追い出す・追い払う行為であり、邪気払い・魔払いである。宝島ではタブの生葉を焼いて送り出すときには表の戸を少し開けておく。「福は内、鬼は外」と唱えてから煎り豆を表間から外に撒き、先祖を立たせたら戸をパタンと閉める。先祖が帰った後は敷いていた棚の筵の片方をめくって置き、その晩の内に灰をパラパラ撒く。

正月としての特徴は、雑煮の中身が里芋であること、土産として苗に近い若い葉付き根付きの里芋と大根を持たせることである。地元の人は「昔は里芋が主食だったのだろう」と話す。七島では、里芋は霜月祭りの儀礼作物でもある。悪石島ではカライモの祭りになっているが、これは後年畑作の主要作物がカライモになったことを示していると考える。先祖の正月に里芋の雑煮を供え、里芋の苗を土産として供える行為は象徴的である。

里芋は東南アジアを原産地とする作物であり、大根は春の七草の一つとして知られる。どちらも古くからなじみのある植物である。正月の雑煮に里芋を入れ、里芋や八つ頭を床の間に飾る地域、里芋が祭りの儀礼作物となる事例は日本列島に数多く存在する。稲作以前の農耕文化として、アワやイモを主作物とする雑穀・根栽型農耕が存在していたことは定説になっている。[67]はるか昔の七島の先祖達が、里芋を栽培し主食とする人達であったこと、それは又日本列島に繋がる文化であったことを想像させる。

先祖の迎えと送りにタブの木を用いる行為も、かつての先祖の生活とタブの木との関係性を想像させる。タブの木は七島の島々に多い樹木である。丸木舟の船材でもあり、紫黒色に熟した実は食材にしていた。山形健介はタブの木を「祈り、祭る木、黒潮の木」として捉え、タブの木の植生と黒潮の海流が重なることを指摘している。[68]川野和明は南九州におけるタブの実の食習俗やタブの木の神聖視、建築材や船材としての利用、タブの名を冠する小字名の存在等を通して、熱帯性のタブノキを北に運んだ人の意思に注目する。[69]

親霊祭りが七島全体の物語の中で語られる背景には、七島が歴史的・文化的に一つの共同体として機能していたことを示す。七島には戦後までオヤコ（親子）と呼ばれる独自のシステムがあった。オヤコは相互扶助の関係を持つ家で、必ずしも親戚である必要はない。南北に連なる島に住む島人が、海上の旅を続ける際の知恵である。海が時化て避難をする際、あるいは所用で他島に出向く際にはオヤコが宿になる。

先祖船の航行の語りは、七島共同体として活躍していた時代の七島船の航行や七島衆の姿を彷彿とさせる。七島正月の伝承の背景には、琉球出兵の要請を受けてから出立までの時期に、元々先祖霊を迎える正月行事があり、伝承通りその正月を出兵兵士の正月として送った。あるいは、七島衆として活躍していた、かつての勇敢な先祖達を偲び語り継がれる中で、その語りが先祖霊を迎える正月と結びつき、正月を二回行う理由として紡がれてきた可能性もある。

かえようの謡は、薩摩藩への年貢船往来の中で、城下滞在中に得た情報を持ち帰った、江戸後期以降の行いではないかと推測する。

親霊祭りは包含される歴史伝承等、民俗学的に興味深い問題を提示する。

悪石島では、現在も墓を管理する数軒の家で親霊祭りが続けられている。先祖の位牌が纏められたことで供えの膳は減ったが、先祖立ての儀礼や里芋・大根の苗を土産として供えるシンボル的部分は受け継がれている。先祖のお立ちの時刻は、従来の時間に合わせて島内放送している。

二　盆

(一) はじめに

一般的に認知されている盆行事は、精霊を迎え・持て成し・送る、三つの要素で構成されている。悪石島の盆行事は七月七日から始まり十六日で終了する。特徴は精霊を送った翌十六日に来訪神「ボゼ」を登場させることである。ボゼは二〇一七年に国指定重要無形文化財、ユネスコ無形文化遺産に登録されている。

本稿では、悪石島の盆行事の詳細を明らかにし、盆行事を構成する三要素を分析する中で、盆とは何なのか、盆の観念と盆にボゼを出すことの意味について考察する。

その前に、来訪神ボゼとは何か、ボゼメンの構造や仮装について紹介しておきたい。

（二）ボゼとは

赤と黒の縦縞模様で彩色された大型メン（面）を頭からすっぽり被り、体幹部を枇榔の緑葉で覆ったボゼは、怖さと派手さを併せ持つ存在感のある来訪神である。地元の人は「盆にボゼを出すのは居残った悪霊を追い払ってもらう悪魔払い・魔払い・厄除けと聞いている」と話す。

ボゼに使用する材料は、紙以外は全て地元で調達する。ボゼメンの材料は島に自生する豊富な竹である。メンの骨格は使い古しの大きなシタミテゴ（竹製の背負い籠）を頭から被る形で利用する。シタミテゴに付属物を竹ヒゴで編んで付け足しメンを完成させる。テゴの後半分は、被った時により安定するように肩に乗るように短くカットし、前部には胸腹部を覆いメンを固定する前当てを編んで付け足す。テゴの底部分に頭部を、メンの両脇に大羽根・小羽根、耳を取り付ける。二枚の羽は大羽が眉、小羽が瞼・睫毛のつもりで作っているそうである。

目は磯アマメ籠の蓋を取り付ける。下瞼、長い鼻、顎を取り付け、耳まで裂けた大きな口と剥きだした歯は、テゴの口の部分を輪切りにし、テゴ片の一部を外して歯を表現する。テゴの丸みを利用して耳まで裂けた大きな口を表現する。上の歯は鼻と下まぶたの下に、下の歯は顎に取り付ける。大きく開いた口と剥き出した歯の奥に舌・咽頭を描く。

舌・咽頭を唇と勘違いして描いたボゼの絵を見受けることもあるが、これは歯を剥き出して大きく口を開いたときの舌・咽頭の形、位置を表している。

メンの骨格が出来上がったら紙を貼り、溶かした赤土（赤シュイ（赤汁）と言う）と墨で縦縞模様に彩色する。ボゼメンを被ったときの覗き目は、外から分からないように上歯の下に穴を開け、被るときはそこに目がくるように調整する。

ボゼは大・中・小三体作る。大型のボゼは主に庭で暴れるように、中型のボゼは家の後ろに逃げる人を追いかけられるように、小型のボゼは室内に上がり暴れる。人口が多かった頃は集落の班毎に作り、四体出していた頃もあった。小型の探しボゼは室内で動くのに邪魔にならないように羽根は短く揺れないように立てて作る。ボゼにはヒラボゼ、羽釜ボゼ、探しボゼ等の名称があり、テゴの底面に直接紙を貼った四角い頭のボゼも作っていたが、現在は探しボゼを小型に作るだけで、形状に大きな差はない。

ボゼに扮する人は肌や衣類が見えないように、体幹部を枇榔葉で覆う。以前はシュロ毛で覆っていたが、シュロ縄用のシュロが栽培されなくなると調達が困難になり、枇榔葉で代替するようになった。手足首に巻いていたシュロ毛も現在はない。また、シタミテゴは島で作られなくなり、他島から仕入れている。磯アマメ籠の蓋は空き缶や段ボール紙等で代替している。

手には赤土を塗った一二〇㎝位の長さの棒を持つ。この棒は手に持つのに適した太さと長さの、タブの木等の枝を切り落として作られるので直線の棒ではない。太い方の根元部分を丸めて、先端を男性生殖器に似せて作り、マラ棒と呼ぶ。杖のように地面に突くことはない。全身の仮装が終わると水を吹きかけ、メンを鮮やかに発色させる。出来あがったボゼは一四、二四、三四と数える。

Aさん（一九三二（昭和七）年生まれ）は、ボゼは怖いものなので恐ろしく作らないといけない。ボゼの口は大きく作るものだと言われるものだった。子供にとってボゼは怖いもので、やんちゃで言うことをきかないときは、「ボゼが来っど」とか「ボゼに食わるっど」と言うと、泣いていてもピシャッと泣き止むものだったと話す。

Kさん（一九三一（昭和六）年生まれ）は、羽根は暴れている内に折れ、壊れた方が良いのだと話す。

Tさん（一九〇八（明治四十一）年生まれ）は、昔のボゼはコバの葉（枇榔葉）ではなく、シュロ毛で蓑を作り、体を隠していた。シュロ毛が足りなくなってコバの葉（枇榔葉）を使うようになった。シュロ毛で体を隠し、歩く度に羽根がユッサユッサ揺れて、それはもう大人でも身震いするほど恐ろしいもんだった。ボゼは揺れるからボゼと言うのだと話した。

一九六三年クライナー・ヨーゼフ撮影の写真、一九六五年下野敏見撮影の写真、一九八二年鳥越皓之撮影の写真、二〇〇八年筆者撮影の写真を比較すると、ボゼの形状は一つではないこと、また時代的要因を受けながら少しずつ変化していることが分かる。ボゼを作る人達は、ボゼは人の手によって毎年作り替えられる性格上、型取りしたように全く同じに仕上がるわけではないと話す。

なお、ボゼの制作現場が共同墓地に隣接する寺庭であることから、墓地に意味を求める意見も聞かれるが、以前はシバタケの広場で作り、彩色と仮装を寺庭で行っていた。赤土を溶かす容器に和尚が顔を洗うのに使っていたという石壺（手水鉢）を使うようになったこと、雨天時に寺の代用小屋にすぐ仕舞える利便性から次第に全行程を寺庭で行うようになった。

（三）盆行事の日程と詳細

七月七日から十六日まで行われる盆行事において、精霊を迎え・持て成し・送る儀礼はどのように行われるのか、その詳細を記す。七月七日から十三日までは精霊の迎え、十四日から十五日は迎えた精霊の持て成し、十五日夕方から十六日は精霊を送る行事である。盆が終わり、日常に戻るのは十七日である。

七月七日

墓を掃除し、ススキを活ける。仏棚（仏壇）の花もススキに替え、小さな丸餅を供える。朝の内に七夕竿と花立て用の竹を伐ってくる。伐ってきた竹で花立て、線香立て、水の子棚を作る。花立ては上三分の一にギザギザを刻み、ギザギザを刻んだ部分は赤土で彩色する。花立てには家の判を刻む。

夕方早い時間（現在は夜）に総代の家（現在は公民館）とシバタケの広場で盆踊りが始まる。シバタケの広場は墓地の丘の下に隣接し、前面に海を見渡す潮見所である。盆踊りは男児や成人男性によって、十三日まで毎日同じ場所で踊られる。鉦を鳴らし扇子を持つ踊り、小さな米俵や鰹釣り等の小物を持つ踊りがある。

七月十三日

墓の花立てと線香立てを新しい物に取り替え、水の子棚、提灯下げを据える。花立てにはショウハギを活ける。養徳寺跡の寺代用小屋の前に、四隅に笹竹を立てた施餓鬼棚が設営される。

ホトケサマ（先祖霊）に供える円錐型の長粽《ながちまき》を作る。長粽の材料は、現在は粳と糯米粉であるが、粟を栽培していた頃は粟の長粽も作っていた。長粽は四本又は五本束にし、親戚のホトケサマにも上げる。

夕方早く、床の間に位牌を降ろす。位牌の前に雨戸等を卓にして棚を設える。棚の回りには盆提灯が飾られる。夕方、提灯を持って墓に行き、墓の前で火を灯し、「お伴します」と声をかけて家にお連れし、茶湯と灯《あかし》をする。迎え火は、元々は十四日にしていたそうである。盆踊りが十三日まで同じ場所で踊られることを考えると、本来の迎え火は十四日であったことが分かる。

七月十四日

位牌の前に長粽の根元部分を家の内側に向けて供える。米や粟を盛った皿、胡瓜・カラ芋・南瓜などの夏野菜や果物、菓子等を棚一杯に供える。飯と団子汁の膳を供える。膳の数は親霊《おやだま》祭りに同じ。飯の中央に箸を一本立て、もう一本は横に置く。棚から離してホウケシュジョウ（乞衆生・無縁仏）の膳も供える。瓜・胡瓜・茄子などを賽の目に切り、鳳仙花の花びらと小さく千切った粽三六五個を混ぜて水の子を作る。

棚の作りは親霊祭りの棚と同じである。違うのは長粽、水の子を供えること、汁が団子汁になり、飯の上に箸を立てること、提灯を供えることである。

午前中に男性陣はボゼメン作りをする。午後は水祭《みずまつ》りが行われる。水祭りは住民に先駆けて総代とホンネーシが寺の施餓鬼棚で行う。水祭りの方法は棚に線香、焼酎、水の子を上げ、水の子に鉢の水をショウハギでかける。施餓鬼棚、島立て世立ての御神様、個人墓、寺下の地蔵像、釈迦堂の順で行う。

施餓鬼棚での水祭りの唱え事
島立世立の御主様にあげたてまつり申す　上様には御主様より仰せ上け（げ）られ下され申せ
ウエン（有縁）ムエン（無縁）　天竺の瓜と茄子を手に持ちて　手向くる水は賀茂川の水
之（これ）なり

一行目を唱えるのは総代とホンネーシだけである。住民はウエン（有縁）以降を唱える。水祭り後に盆踊りが奉納される。盆踊りの場所は釈迦堂がある公民館の庭と総代の家の庭（現在はなし）に替わる。夜は先祖様の膳をお下げして頂く。これをおした奉《まつ》りと言う。ホウケシュジョウの膳の料理は縁側から放る。
七月十五日
この日の膳は飯・素麺汁・煮しめ・トイモガラの炒め物を供える。昨日同様、ホウケシュジョウの膳も供える。

長粽を新しく作り、根元部分を家の外側に向けて供える。昨日同様に水の子を作るが粽ではなく粟を混ぜる。親霊祭りのように里芋や大根、土産物を入れたシタミテゴはない。

午前中に男性陣はボゼメン作りをする。午後、昨日同様に水祭りを行う。水祭り後に公民館の庭、寺庭の順に盆踊りを奉納する。寺庭に引き続き墓地内を、鉦を鳴らし、歌を歌いながら回る。最後にシバタケ側の海の見える墓地で踊る。

夕方、迎え火とは反対の行動でホトケサマを墓に送り届ける。夜はオシタ奉りの膳を頂く。ホウケシュジョウの膳の料理は放る。夜、送り火をした家を回って盆踊りを奉納する（現在はなし）。

七月十六日
朝、位牌を仏棚に戻す。男性陣は午前中にボゼメンの仕上げをする。午後、寺庭で盆踊りを奉納し、総代の家に移動する（現在は公民館）。総代の家がボゼの会場となる。総代とホンボーイは、羽織袴で床の間を背に正座でボゼを待つ。外では見物人が庭を取り巻くように陣取っている。

「ボゼの登場場面」

ボゼを被る人は、どのボゼがどこから登場し、どのように動くか前もって打ち合わせをする。ボゼの仮装現場にはガチ（走り使いの若者）と呼ばれるホンボーイの使いが遣わされている。ボゼの仮装が終わり、会場へ移動を始めると直ぐにホンボーイに知らせる。知らせを受けると庭の中央に踊り手が集まり盆踊りが始まる。この踊りは、見物人が踊りに気を取られている最中に突然ボゼが現れるという、ボゼの登場場面をより面白くするための、舞台設定のための踊りだそうである。

ボゼが来ることを察知した若い女性や子どもは隠れ場所を探し右往左往し始める。木々の隙間にボゼの赤い羽根が見え、ボゼが会場近くまで来たことが確認されると、登場合図の太鼓が鳴らされる。ボゼは踊りの最中に突然現れ、会場は騒然となる。ボゼは屋敷のどこから登場するか分からない。探しボゼの経験があるHさん（一九二九（昭和四）年生まれ）は、隣家を抜けて屋敷の裏手に潜み、飛び出したそうである。ボゼが会場に姿を現すと踊りの輪は解散し、会場はボゼの舞台となる。

ボゼはマラ棒を両手で斜めに持ち、羽根を揺らしながら人々目がけて突進してくる。見物人に迫り、地下足袋の足を鳴らし、枇榔葉の葉音やメンの羽根を揺らして嚇し、マラ棒の先の赤シュイをつける。探しボゼは室内に上がり、室内に隠れている人を嚇し、赤シュイをつける。Hさんは、床の間を背に座している神役（総代とホンボーイ）を嚇し悪戯したことを覚えていると話す。時にはボゼを被った若者が自分の親や祖父母を嚇して悪戯をし、それを察知した見物人の間に大爆笑が起きることもある。

途中で踊り太鼓が鳴らされるとボゼは会場の中央に集まり、面白おかしく踊る。踊りの面白さに隠れていた見物人が顔を出すと再び突進し威嚇する。その間の時間は十分から十五分前後である。ひと暴れしてボゼは退散する。退散時には羽根が折れているボゼもいる。

ボゼが去った後の興奮状態が残る会場では、「赤シュイをつけられたー」という言葉が飛び交う。寺庭に戻ったボゼは直ぐにメンを脱ぎ、足で踏み潰して裏山に納める。納めたボゼメンは外から分からないように柴等で隠した。Aさん（一九三二（昭和七）年生まれ）は、「お盆が来たからボゼが出るわけだから、ボゼは一回限りの物であり、いつまでも置いておくのは良くない」と話す。

ボゼが去った会場では庭戻しの盆踊りが奉納され、その後は余興の舞台を楽しむ。夜には、シバタケの広場、ニシノエ、ミチバタ屋号の家で庭戻しの踊りを奉納する（現在はシバタケのみ）。庭戻しの踊りをして盆が終わるとされた。

七月十七日

朝、墓の提灯下げや水の子棚を片付ける。この日から通常の日々に戻る。

（四）盆の比較検討

盆の始まりは、全国的には一日（釜蓋朔日）と七日（七夕）の地域がある。どちらも精霊があの世を出発する日という伝承があり、墓の掃除などが行われる。西日本では七夕とする地域が多く、鹿児島県内も七日に墓の掃除を行う。迎え火は十三日に行う地域と十四日に行う地域があり、送り火は十五日に行う地域と十六日に行う地域がある。鹿児島県内では、七日に木戸口に灯籠を下げる所や七日から十三日まで迎え火を焚く地域もある。迎え火・送り火の方法は、提灯を持って墓に行く、木戸口で迎え火を焚く、寺に行く等様々である。送り火は個人儀礼に加えて共同体で行う所も多い。全国的には、大文字焼きや大がかりな精霊船を海に送り出す行事等が知られている。

悪石島の盆行事を整理してみる。盆花として、七日にススキ、十三日にショウハギを供える。この二つの植物には魔除けの意味がある。ススキは葉の縁が鋸歯状で鋭く傷つきやすいことから魔を切る。盆花や精霊花として知られるミソハギは漢字で書くと禊萩で禊には清める、悪霊を払うという意味がある。悪石島にはミソハギは植生していないため、ショウハギを代替しているものと思われる。

位牌の前の長粽は、十四日は家の内側に向けて、十五日は家の外側に向けて供える。他地域で供えられる胡瓜と茄子の牛馬は、十三日は胡瓜の馬を家の内側に向けて、十五日は茄子の牛を家の外側に向けて飾る。胡瓜の馬は早く帰って来てください、茄子の牛はゆっくり戻って下さいという意味があるそうである。悪石島では長粽を乗り物に例えて供えていることが分かる。

水の子には米を混ぜる地域が多いが悪石島では粟を混ぜる。粟は焼畑で栽培される島の主要穀物であった。米は陸稲で糯米のみが栽培されていた。これは四季の大祭の八月祭りが粟の祭りであることからも分かる。長粽を千切って三六五個混ぜるのは一年分の糧を意味しているのだろう。

無縁仏の膳をホウケシュジョウの膳と言う。鹿児島県内では無縁仏をフケジョロ、フケゾロ、ホカショウロウ、スケジロサなどと表現する。ホウケ、フケ、ホカ、スケは外や乞で、ジョロ、ゾロ、ジロは精霊、シュジョウは衆生かもしれない。

施餓鬼棚を寺の本堂の外縁や庭に設けるのは真宗以外の寺で行われるそうである。[70]養徳寺は曹洞宗であったことから棚が設営されたと考える。施餓鬼棚での水祭りは唱え言から分かるように全ての精霊に水の子を捧げている。

盆踊りには精霊を迎え・慰め・送る意味があるとされている。悪石島の盆踊りで特記すべきことは、七日から十六日まで毎日踊られることである。盆踊りの歌声や鉦の音は、村中《むらじゅう》（集落中）に聴こえるように高らかに歌い、鳴らさないといけないとされた。盆踊りの歌は、盆の日に入らないと歌ってはいけないと厳しく戒められていた。盆以外の日に歌の練習をすることも許されなかった。

踊りの場所は、七日から十三日までは総代の家の庭（現在は公民館）とシバタケで踊り、ホトケサマを迎えた十四日以降はシバタケでは踊らない。Aさん（一九三二（昭和七）年生まれ）は七日から十三日までの踊りは単なる練習ではないと話す。盆踊りの歌は盆以外の日に歌うことは厳しく戒められていたことや、七日は精霊が浄土を発つ日という伝承があること等を考えると、七日から十三日までの盆踊りはホトケサマを招く（迎える）踊りであると考える。

十四日は釈迦堂がある公民館の庭と総代の家の庭（現在はなし）で踊る。この踊りは迎えたホトケサマを慰める踊りといえる。十五日は昼に寺庭と墓地内を踊り、夜には送り火をした家を回って踊る。家回りの踊りは精霊を迎えた家屋敷を浄める意味があるものと考える。

十六日は午前中に位牌を仏棚に戻し、家の中を通常の状態に戻す。午後、総代の家に集まりボゼを出す。夜、庭戻しの踊りをして盆を終える。庭戻しの踊りという表現には日常に戻すという意味が汲みとれる。

十七日の朝、墓の盆の供えを全て廃棄し、盆の残照は全て排除される。

（五）盆の観念

先祖を迎え・持て成し・送る盆の儀礼には、正月の雑煮に地域性があるように、その詳細には地域性がある。しかし、儀礼の精神に地域性はない。盆とは何か、盆行事に流れる観念に迫る。

①ボゼの伝承

Aさん（一九三二（昭和七）年生まれ）は次のように話す。

お盆には、祭ってくれる人のいない霊、祭ってもらえない、分からない人達の霊や悪いものも寄ってくる。そういう悪霊を追い払ってもらうために、お盆の最終日にボゼを出す。ボゼには追い払う力がある。ボゼが赤シュイを付けるのは、ボゼのように魔を払う力がつくように、運が良くなるようにというお守りの様な意味で付けるのだ。ボゼに赤シュイを付けられたというと、「良かったが」と言われるものだった。

同様の言い伝えは、下野敏見の報告に「古老は、ボジェは仏の残りを追い払って、村を清めるカミであると語ってくれた」とある。[71]

Mさん（女性、一九三一（昭和六）年生まれ）は「悪魔払い以外の意味は聞いたことがない」と話す。島在住時は青年団でボゼ作りやボゼを被るなど活躍していたSさん（男性、一九五二（昭和二十七）年生まれ）は、「ボゼにつけられる赤シュイは厄除け・魔除けだと聞いていた」と話す。しかし、悪魔払い・魔払い・厄除けと聞いていると話す六十代の人達でも、Aさんが話す魔払い・厄除けの具体的意味については知らなかった。

ボゼの言い伝えが示す観念には、盆に寄って来た、祭ってくれる人のいない霊や悪霊が居残ることを恐れている。では、他の地域には招いた霊が居残ることを恐れる観念はあるのだろうか。

②盆の儀礼に込められた意識

迎えの儀礼では一週間前から墓を清掃し、先祖霊が無事に来られるようにと目印の灯籠や迎え火を焚く。悪石島のように盆踊りで招く地域もある。鹿児島県の佐多町では十三日の夕方、縁側の下に水を入れたビンダレ（桶）と新しい履物を置き、側の戸を少し開けておく所もあるという。ご先祖様が滞在する期間は色々なお供え物と食事を供え持て成す。

それに対し、送りの儀礼はどうだろうか。鹿児島県内の事例として、後藤啓子さんの佐多町の調査報告を紹介する。[72]佐多町の送り火は十六日である。

「残っている精霊が早く帰るようにとヤウチバライといって家の中を掃除したり仏壇の花を替えたり、また魚を焼いたりもする。このとき、オモテンカシタからヤシキ（話者の家の側にある畑）へフケゾロに供えていたご飯などを棄てる。

ソロドンが朝帰った後、供え物は燃やしたり穴に埋めたりして処分する。ソロドンに居残られると困るのである。なぜか、と話者に問うと、恐れの気持ちからだろうとの答えがあった。

十時頃になると魚を焼いて臭わせてショロサンを追い出した。日が昇ると、盆ドンを冥土へ追いやるために魚を焼いて臭いをさせる。

十六日には山に入るなと言っていた。これは、フケゾロがまだうろうろしているからだという」引用は後藤（一九九五：二九五－三〇七）。

佐多町では、魚を焼いた臭いで精霊を追い出す。節分に鰯の焼いた臭いで鬼を退散させる魔除けや厄除けと同じである。精霊が居残ることを恐れている。鹿児島県外の事例として、蒲池勢至の『お盆のはなし』[73]の中から、長野県新野の灯籠送りと愛知県豊根村坂宇場の念仏踊りの報告を紹介する。

新野の灯籠送り

「十六日晩には、新盆の家から集められた切子灯籠を櫓に飾り、細長い円陣を作って踊ります。円陣というより、「並行して踊る」と言った方がよいでしょう。そして、十七日の早暁になりますと道に溢れんばかりの人たちが集まり、切子灯籠を先頭に「踊り神送り」が始まります。最初は村はずれにある砂田・太子堂まで行き、以前はここで鉄砲が打たれました。すると、今度は引き返して反対側の村境まで行き、そこで多くの切子灯籠を刀で切り壊して積み上げ、御嶽の行者が九字を切って亡霊を鎮めると焼き払ってしまいます。あとは後ろを振り向かずに帰ることになっています」引用は蒲池（二〇一二：八四）。

坂宇場の念仏踊り

「十五日の晩に送り松明を灯しますが、実際に送り出すのは十六日の午前四時から五時で、夜が明ける頃です。これをソウリョウサン（総霊）送りといっています。「神前」や先祖の社脇にある戸口から送り出し、ススキで編んだ茣蓙の中に供え物を入れ、オミヤゲ団子を持たせ、キビ（トウモロコシ）で作った馬を添えて川に流します。家から送り出したときは、箒ではいて戸口を締め切ったりします。送り出されたソウリョウは、十六日の昼間に今年のツクリ（作物の出来具合）を見て回るのだといわれています。夜になると念仏踊りの辻念仏で集められ、村全体で供養して大念仏で村から送り出されるのです。大念仏は、念仏踊りの中でもソウリョウ送りのときだけ唱えられるもの、と言っていました。家々から送り出された精霊は、ムラの中を浮遊して辻念仏で集められ、ソウリョウは跳躍の激しい念仏踊りによって供養されるのです。一番最後のソウリョウ送りのころになると、切子灯籠が初盆の家の人によって持ち出され、広場の櫓を回りながら大念仏を唱え、さらに灯籠に灯を付けます。そして、近くの川に降りて行き、この年の盆に訪れた全ての精霊が送られました」引用は蒲池（二〇一二：九〇－九二）。

送りの儀礼から想像できるのは、精霊が居残ることを恐れる意識である。蒲池は盆行事の諸相から見えてくる意識について、「お盆が終わると、「先祖の精霊や無縁霊は帰ってもらわないといけない」、「留まっていては困るので追い出さないといけない」、「無事に帰って、また来年来てください」という親しみを込めた別れの意識もあるが、全体的に見ると「追い出す」という儀礼の意味が強かった」と述べる[74]。

折口信夫は「盆踊りの話」の中で、「以前は、其帰って来る魂の中に、悪い魂も混ざって戻って来ることを考えて居た。其為に、悪霊を退ける必要があったのだ。此悪霊退散の為の踊りが、念仏踊りである」と述べている[75]。無縁の亡霊がやってくる思想は施餓鬼棚や無縁霊の膳を供える行為に確認できる。しかし、送りの儀礼には、有縁霊・無縁霊に限らず、迎えた霊には全て帰ってもらう思想が見える。

精霊を迎えた期間は霊が彷徨する非日常の世界である。送りの儀礼には、悪石島の盆に限らず、盆の残照さえも断ち切る排除の意識が働いているように感じる。盆の儀礼には、盆が終わったら迎えた霊達を完全に追い払い、日常の世界に戻す意図が明確に見てとれる。

（六）結論

盆は、祭祀組織神役七人が組織的に機能して行う祭祀ではないが、神役七人の内、総代、ホンボーイ、ホンネーシが関与する。祭祀の中心的役割を果たすのは親霊祭り同様に総代である。集落代表である総代の家がホトケサマを迎える盆踊りやボゼを迎える会場となる。ホンネーシと共に住民に先駆けて寺庭で施餓鬼祭りを行う。ボゼ出しの儀礼では、ホンボーイと共に羽織袴姿で床の間を背に正座で見守る。ホンネーシは総代と一緒に施餓鬼祭りを行うが、盆には親霊祭りで行った先祖霊との交信はない。

盆の儀礼には、親霊祭り同様に、ご先祖様に対する敬愛と敬畏の念がある。ご先祖様を親しく迎える反面、送りの儀礼では盆の残照さえも断ち切る排除の意識が働いている。招いた霊が居残り災いをもたらす。その思想の背景には怨霊信仰や霊魂信仰があると考える。民俗行事の多くは近代化以前の社会で生まれたものである。疫病や天災地変、地域や個人の災難を何等かの祟りと結びつけ、それを防ぐための供養や神仏祈願として生まれたものは多い。

一番恐れていたのは病気である。病気の原因の多くは憑き物、つまり悪い影響を与える祟りや霊であると考えられ、祈祷によって取り除こうとされた。その祈祷を行ったのは神主、僧侶、民間巫者であるシャーマン、修験者等である。悪石島では近代医療が導入されるまで、ネーシがその祓いに活躍していた。霊が居残り、悪霊となって人間に病気や災いをもたらす。この発想は近代化以前の人々にとっては非常に重大な問題であった。霊が居残ることはあってはならないことだったのである。

ボゼに追い払ってもらう「魔」とは「居残り霊・悪霊」のことである。「運が良くなる」とは「悪霊に取り憑かれない、病気にならない」ということである。ボゼが見物人に迫り・威嚇し・赤シュイを付けるのは、単に人間を嚇しているのではなく、辺りに彷徨っている居残り霊を威嚇し、追い払い、人間に魔除けの赤シュイを付けているのである。ボゼに赤シュイを付けてもらうのは、悪霊を追い払うボゼの力を得るための感染呪術である。墓の花立てに赤土を彩色するのも同様の意味があると考える。

ボゼが登場する祭祀はもう一つある。厳しい物忌みが要求される神々の祭り「ヒチゲー」である。神々がそれぞれの住まいに戻る日の夕方、「ボゼの足焼き」を行った。集落の北にボゼ山があり、南面に広がる集落内にはボゼ石が二カ所にある。その石の下方を焼く。

「ボゼの足焼き」をするきっかけは、某家が、宵も入りヒチゲーも済んだからと、外釜でどんどん火を焚いて芋焼酎作りをしていた。すると、牛の頭のような物が天からぶら下がってきた。早々と派手に仕事を始めたがために、神様に障ってしまった。

つまり、招いてしまった邪悪な神が居残っていた。ボゼの足を焼いてボゼを覚醒させ、居残っている邪悪なものを追い払って貰おうとしたことが分かる。ボゼの足焼きから分かることは、ボゼには悪魔払い・魔払いの力があると認識されていたことである。

では、先行研究において、ボゼはどのように解釈されてきたのだろうか。いつの頃からか、ボゼの説明には「悪魔払い」と「子宝に恵まれる」が併記して紹介されるようになった。しかし、盆に出されるボゼの悪魔払いとは何なのか、なぜ恐ろしい風貌のボゼが子宝と関係するのか、その意味について整合性のある説明がされることはない。その原因はインパクトの強いボゼに関心が集中し、盆行事との関連の中で分析する視点が希薄であること、ボゼの登場場面の誤観察とボゼが手に持つマラ棒に注目し、女性との関係性で解釈しようとしていることである。

盆行事の流れを詳細に見ていくと、ボゼが盆行事との関連の中で出現していることは明白である。ボゼを出すのは送り火をした翌日十六日である。ボゼを出した十六日夜に庭戻しの踊りを奉納し盆が終わる。十七日の朝、墓の水の子棚や提灯下げを撤去し、日常の日々に戻る。この一連の行為は、「ボゼに居残り霊を追い払ってもらい、魔除けの赤シュイを付けてもらう」という言い伝えと矛盾しない。

ボゼの観察表現に共通するのは、女子供、特に若い女性を探してマラ棒で圧迫する・マラ棒を突き刺す・マラ棒で叩く・抱きつく等の表現である。ボゼを被った経験者に、ボゼは見物人を突いている、叩いているのか質問してみた。即座に「違うよ、赤シュイを付けているんだよ」との返事が返ってきた。「隠れる人に赤シュイを付けるときは、伸ばさないと届かないので棒の先を伸ばして付ける」と話す。また、「子供や若い女性だけを怖がらせている訳ではない。赤シュイは誰にでも付ける。子供や女性は怖がって逃げるから面白いのだ」と話す。ボゼの登場時間は十五分前後である。突然現れて突然消える。会場は騒然となる。激しい動きの中で、赤シュイを付けている動作が、突いている、叩いている、いると誤解されて観察されたことが分かる。赤シュイを付けていることには注目していない。ちなみに、赤シュイを付けられた方は、棒圧の感触はなく、ボゼが迫ってきて離れたら赤シュイが付けられていたというのが実感である。

ボゼが手に持つ棒を竹や木の棒ではなく、切りたての枝を使ったのはなぜだろうか。逃げ回る人や手で払い除ける人、物陰に隠れる人に直線の棒を向けるのは危険である。木の枝の緩やかな曲線や根元を丸めた先端は、人に赤シュイを付ける際の緩衝となり、傷つける危険を防ぐ。先端を男性生殖器に似せて作ったのはユーモアと考えるのが自然ではないかと考える。ボゼを被った経験者は次のように感想を述べる。

ボゼを被るのは、非常に体力を消耗する。重たく風が入らないため暑い。被った途端に汗だくになるので、被ったら直ぐに出さないといけない。ボゼメンを被ってから剥ぐ（脱ぐ）までの時間は二十分が限度である。ボゼメンを被る前には、気分を高揚させ、面白く振る舞うために焼酎を飲む人もいる。

道路が舗装されたことにより、ボゼの仮装現場から公民館までの移動が容易になったことや観光化に伴い、ボゼの登場時間は延長されている。しかし、ボゼメンの構造上、ボゼを被っている人の視野は狭くなる。ボゼには一体につき一人ずつ案内人が同伴し、会場までの道のりを誘導する。ボゼが集落内を駆け回ることは物理的に困難であることも述べておきたい。

ボゼはいつの頃からあるのか、地元でも分からない。これは他地域の来訪神行事も同様である。ボゼはメンに貼る紙以外は、全て地元に豊富にある竹と生活用具である竹製の古テゴや古磯アマメ籠、赤土を利用した庶民のメンである。全身をメンや植物で覆い、人間であることを隠し、怖い風貌で魔払いや厄払いをする来訪神行事は全国に数多くある。他地域の由来年代が分からない段階で、ボゼだけが南方由来の古い来訪神行事とする説には検討の余地がある。

民俗行事は時代の変化や世代交代を受けながら、その意味付けも所作も変化していく可能性を秘めている。だからこそ、地元の文脈や仮説を検証する視点が求められるのではないかと考える。

三　おわりに

親霊祭りと盆は、先祖が祭祀の主役となる先祖祭りである。どちらも集落世話人である総代が祭祀の責任者となる。親霊のお立ちでは、総代の使いのガチがホンネーシの所に使わされ知らせを受ける。盆ではボゼの仮装現場にホンボーイの使いのガチが使わされる。ボゼ出しの儀礼を集落世話人である総代と神祭りの責任者であるホンボーイが共に見守ることには意味があると考える。

親霊祭りの祭祀期間は二週間前から迎えの準備が始まり、祭祀終了まで二十二日から二十三日を要する。盆は一週間前から準備が始まり、祭祀終了までの期間は十日間である。親霊祭りには正月的要素が、盆には仏教的要素が強いが、基本構造は同じである。七島では年二回、七月と十二月に、同じように先祖を迎えて持て成す、先祖祭りが行われてきた。

先祖を主役とする親霊祭りと盆から見えてくるのは、ご先祖様に対する敬愛と敬畏の念である。敬愛する存在であると同時に、居残って貰っては困る存在でもある。また、粗雑に扱うと祟る存在でもある。

先祖の祭りには、先祖霊と共に好ましくない霊も寄ってくると考えられている。親霊祭りの先祖立ての儀礼は、全ての精霊を追い払う邪気払い・魔払いである。親霊を送った翌日にはシュエーを汲んできて、親霊が滞在した家屋敷を清める。盆は、送り火の後に精霊が滞在した家屋敷を盆踊りで清める。翌十六日には総代の家でボゼを出し、居残り霊を追い払ってもらう。夜に庭戻しの踊りを奉納して日常の世界に戻す。先祖祭りには、祭祀が終わったら、先祖霊であれ、無縁霊であれ、迎えた精霊は全て帰ってもらわなければならない排除の意識がある。特に悪霊が居残ることはあってはならないことなのである。

では、先祖は何処から来て何処に帰るのだろうか。親霊祭りでは、親霊を迎えるセツギ迎えの日から清めに使うシュエー（潮）が取れなくなり、親霊を送った翌日から取ることができる。先祖霊は先祖船で立つ。盆では七日から十三日まで、全面に海を見渡すシバタケの広場で先祖霊を招く盆踊りを踊り、送り火の当日は墓地内を踊り、最後にシバタケ側の海の見える墓地で踊る。親霊祭りと盆の儀礼の観念には、先祖は海の向こうから来て、海の向こうに帰るという観念が見える。

第七章　神々の祭り

一　ヒチゲー

(一) はじめに

ヒチゲーは厳しい物忌みが要求される神々の日である。人間は大きな物音を立てず、静かに過ごす。夜はむやみに出歩かない。木戸口や玄関・勝手口等の出入り口には魔除けのトベラ等の植物を置き、住民は魔除けの符結びを身につける。ヒチゲーのカゼ（神の邪気）・罰・災いは我が身にくると恐れられていた。

ヒチゲーは、親霊祭り（七島正月）が七島共通の日程で行われるのに対して、飛び石状に各島交互に行われる。親霊祭り終了後の旧暦十二月に口之島・臥蛇島・悪石島が、一月に中之島・平島・小宝島・宝島が行う。ヒチゲーの名称について、悪石島では、「かねて（通常）と違うから日違い」あるいは「この世を清めて新しい年に替えるという意味で日違えではないか」、「ヒチゲーは神様が衣を洗濯して新しくするので、神様の正月ではないか」などの意見が聞かれた。ヒチゲーは七島間で日（月）を違えて行う祭祀の意味で「日（月）ちがえ」の可能性も考えられる。

口之島や悪石島では「神々が集まり、作物の収穫等、島の一年について協議をする日」、小宝島では「神々が道を通ってさるき（歩き回り）、畑の作物などを見に来る」、宝島では「稲の穂が出る頃に南寄りの強い風が吹くので（強い風に当たると収穫が下がる）、天候が穏やかであるように願いを込めて慎む日」だと話す。

本稿では、悪石島、口之島、宝島のヒチゲーを通して、七島で行われるヒチゲー行事の特徴について論じる。

（二）悪石島のヒチゲーの日程と詳細

ヒチゲーには、小《こま》ヒチゲーと大《おお》ヒチゲーがある。正月と同じように対比して表現する。小ヒチゲーは、親霊祭りが終わって十二月七日以降に初めてくる未の日とされている。つまり、七島の全ての先祖が旅立つ七日をもって「親霊祭り」が終わると考えられていることが分かる。そのため、毎年決まった日ではなく、暦によって数日のずれが発生する。再調査年の二〇一四年小ヒチゲーは、一月十二日（旧暦十二月十二日）であった。

大ヒチゲーの日程は毎年決まっており、十二月二十四日から二十七日である。実際の物忌みは十八日から始まり、二十七日で終わる。

①小《こま》ヒチゲー

小ヒチゲーの前日は早めに就寝する。小ヒチゲーは神様の洗濯日で、神様は衣を洗濯して大麦（地名）の畑の桑の木に干すと伝えられている。神様が衣を干すとされる桑の木周辺に行くことは禁じられる。この日は、前日まで雨が降っていても必ず雨が上がると言われていた。

大麦の畑は島で一番作物が育つ場所で、穀物の種は大麦の畑で収穫した物から採っていたそうである。また桑の木には金色の山蚕の繭がびっしり付いていたそうである。

②　大《おお》ヒチゲー

大ヒチゲーの物忌みは十八日から始まる。十八日から徐々に住民の行動範囲が遠くの山・畑から集落に向かって狭まってくる。つまり、集落から離れた場所にある山や畑から近場の畑へ、そして集落内のみとなる。その境界域をタマガイドコロ（魂がる所、驚く所・恐がる所・畏れる所）と言う。

十二月十八日
神道《かみみち》作り。神様が通る道の藪払いや清掃を行う。神様が通る道は、各宮に続く道であり、住民の生活道でもある。この日から浜宮の前が通れなくなる。

十二月二十一日
竹などの青物切りが禁止される。便所の汲み取り禁止。本集落の神社の前が通れなくなる。湯泊まりに行けなくなる。

十二月二十二日
集落から離れた所にある畑には行けなくなる。

十二月二十三日
大麦の畑に行けなくなる。集落近くの畑には行ける。タッゴンカワ（水道が出来る前の湧水地）の水汲みは早めに済ませる。

十二月二十四日
漁や水汲みは早めに切り上げる。夕方、イバシ掛けをする。イバシとはクワズイモのことである。イバシ掛けとはクワズイモにトベラの枝を挿して、木戸口・玄関・勝手口・外便所・家畜小屋等の出入り口に置くことである。墓地や寺の入り口にも置く。親霊祭りでは先祖の土産に里芋を供えるが、ヒチゲーでは、里芋そっくりのクワズイモを使う。ヒチゲーには「シュウマテ（魔物）がガンハボ（麻袋）に包まって、山（限定された山ではない）からまくじって（転がって）来る」と言い、子供達は恐れていた。「シュウマテが来るからイバシ掛けをする」と言う。

夕方、浜のネーシが芭蕉の繊維で「符結び」を作る。芭蕉の繊維は、ネーシが前もって準備している。符結びとは結び輪を七つ、あるいは五つ、あるいは三つ作った芭蕉の繊維のネックレス状の物で、三六五本（一年の日数）結ぶ。若者は手伝いに行く。最初に七つ、五つ、三つの符を結び、後は七つでも、五つでも、三つでも良い。

十二月二十五日

朝、浜のネーシは前日作った符結びを神棚に供えて、「一年中病気・怪我・災難なきように」と祈りを捧げる。ガチ（走り使いの若者）はこの符結びを住民全員に配る。符結びは魔除けとして首にかけたり、手首に巻いたり、髪に留める。余った符結びは浜のネーシがおさめる。

夕方、今度はホンネーシが符結びを作る。前日同様、若者達は手伝いに行く。ホンネーシだったSさん（一八九九（明治三十二）年生まれ）によると、祖母がホンネーシをしていた頃は、家に入りきれないぐらい集まり、歌踊りをしていたそうである。符結びを作るネーシの家だけは、それが許された。

十二月二十六日

この日はヒチゲーのショウニチ（正日）である。ショウニチとは一番大事な日という意味で、二十六日は神の立てたる大吉日と言う。島内が清められ、不要な外出は控える。夜は灯りが外に漏れないように戸締まりする。

朝、ホンネーシは、前日作った符結びを神棚に供えて、「一年中病気・怪我・災難なきように」と祈りを捧げる。

ガチはこの符結びを住民全員に配る。前日同様にそれを身に着ける。余った符結びはホンネーシがおさめる。

Aさん（一九三二（昭和七）年生まれ）によると、この日、若者は年寄りの家を一軒一軒訪問し、「夜も長うございますが……」と言ってご機嫌伺いの挨拶回りをした。年寄りの家では焼酎などが振る舞われることもあった。家屋敷を清める前の夕方三時か四時頃になると、親から「年寄りの所に見舞いに行ったか」と言われるものだったそうである。

「島内の清め」

早朝、男神役五人は潮を汲む小桶を手に、トマイガシラ（泊頭）の浜に向かう。途中、清めの潮を撒くシバ（笹）を数本手折る。トマイガシラの海に入り身を清めてから、小桶に波が岸に打ち寄せる潮を汲み、笹を浸す。これをシュエー（潮）という。

午前十時頃までには各家の戸主もシュエーを取って来る。神々は早い時で夕方六時頃、大体六時三十分から七時頃までの間に通る。それまでに、神役はそれぞれが担当する宮を中心に神道を清める。ホンボーイだけは神々が通る全ての道を清める。宮の中には入らない。各家の戸主は屋敷の周囲を清める。清めの方法は、小桶の笹を三本手に取り、笹でシュエーを撒きながら、「トーカミ、エイカミ、カンコンシンソン、ジゴンダゲン、ハライタマエ、キヨメタマエ」と唱える。

この日は島中に静謐で厳粛な空気が漂う。掃除が行き届いた道を烏帽子・袴姿のホンボーイがシュエーを手に黙々と道を清めて歩く。出会っても話しかけてはいけない。道を譲り通り過ぎるのを待つ。ホンボーイ経験者によると「東の宮、湯泊まりの道は足が向かう所まで行く。集落から離れているので、一人で清めに行くのは淋しい気持ちになる。この辺まで良いだろうと思っても、足はどんどん進み、ある所でピタッと止まる。これぱっかりは不思議だ」と話す。

「神聞き《かみきき》」

この夜、悪石島の神々は、「出会おう、出会おう」の笛の合図でトンチに集まり、オンチゴサマ（御稚児様）に酌を取らせると伝えられている。神々は金の盃で酒を酌み交わすと伝えられており、トンチでは酒を準備し供える。Hさん（一九二九（昭和四）年生まれ）は、子供の頃のヒチゲーの想い出として次のような話をした。

ヒチゲーの夜、祖父が、じっと耳を澄ませてごらん、もうすぐ神様の通る音が聞こえるからと言った。しばらくすると本当に何と表現すれば良いか、ブーンブーンというような音が聞こえた。神々は八幡宮に集まるのだよと言っていた。

この日の夜は特に静かにしなければならない。ヒチゲーの神様が年に一度だけ、ネーシにかかり、神口達《かみこうだつ》をする。神口達は神役ネーシに限らず、ネーシ全員にある。この神口達を聞きに行くことを、「神聞き《かみき》に行く」と言う。この夜の外出は禁じられているが神聞きに行くことだけは許された。符結びは必ず身につける。

ネーシの家では、灯りに黒い布を被せて室内を暗くし、ネーシは神棚の前に座している。東の宮からお出でになった乙姫嬢様が通る時に、ネーシにシケがきて神口達をする。

「あがり（東）日表の乙姫嬢様、女の身なら鬢付《びんつ》け、鉄漿《かねつ》付け、化粧のお歯黒、白羽の扇子に白羽の薙刀《なぎなた》、白毛のもん（馬）には白口（馬のくつわ）うたせて、赤毛のもんには赤口うたせて……」「金の盃、黄金の銚子……」と静かにゆったりした口調で神口達をうたう。ホンネーシ（本内侍）だったSさんは、神様がよませないと（言わせないと）よめないのだと話された。

外出が禁じられているこの夜に神聞きに出かける行為は、若者や子供達にとってはスリル感を伴う。Aさんによると、ネーシが何人もいた頃は前もって話し合い、同じネーシの所に集中しないように、数人ずつに分かれたそうである。

十二月二十七日

ホンネーシと浜のネーシは招待客に振る舞う吸い物膳等を用意し、午前中に神役七人と住民を招いてヒチゲーのイザケ（尉酒）をする。イザケは、ヒチゲーの神様のお祝いだという。浜のネーシの家では浜のネーシと浜のホーイが、ホンネーシの家ではホンネーシとホンボーイが盃を取り交わす。この儀式をしないと神々は自分の住まいに戻れない。ホンネーシだったSさんによると、「神様は二十六日の夜に神役ネーシの家に来ており、イザケが済むと自分の住まいに帰る」のだという。祖母がホンネーシをしていたというMさん（一九一四（大正三）年生まれ）は、「あの頃はとても賑やかだった」と話した。

午後、ホンネーシに、自分の住まいに戻られたという神様の知らせがある。この時、ホンネーシは漁に行っても良いかどうか伺いを立てる。行って良いという許しを受けたら漁が再開される。

ある時期、ウエブラの人だけが行う、ウエブラヒチゲーというのが出てきた。そのきっかけは、ウエブラに住むN家が、宵も入りヒチゲーも済んだからと芋焼酎作りをしていた。外釜でどんどん火を焚いていたら、牛の頭のような物が天からぶら下がってきた。早々と派手に仕事を始めたが為に、神様に障ってしまった。それでしくじった。

神様がお帰りになったからといって早々と派手に仕事を始めたらいけない。ウエブラは二十七日まで静かに過ごさなければならなくなった。

これが原因で、二十七日の夜にボゼの足焼をするようになった。ボゼの足焼とは、集落の北側にボゼ山があり、その南に広がる集落内に大人が一抱えする位の大きさのボゼ石が二つある。その石の下を焼く。ボゼの足焼をしてヒチゲーが終わるとされた。ウエブラヒチゲーはそれほど厳格なものではなく、行われたのは一時期だった。ボゼの足焼きには、ボゼの足を焼いてボゼを覚醒させ、居残神を追い払ってもらう目的があると考える。

③ヒチゲーと言い伝え

Sさん（一八九九（明治三十二）年生まれ）の話

ヒチゲーの夜に神様に会うたらおしまい。神《かみ》カゼ（神の邪気）と言って一番恐ろしかもの。

昔、トクノウの西の山に、他所から餅木取りに来ていた人がいた。昔は、旧暦五月の大潮の日に、皆で東（海岸）に行き、山の神様を降ろして白綱《しらつな》曳《ひ》きという漁をしていた。白綱曳きの日は山へ行くことは禁じられていた。ところが、その日、餅木の皮を浸けている水を見に山に行った。その夜に亡くなった。亡くなる前、水道の上にきれいな赤い鳥を見たと言った。それは神様だった。

Mさん（一九一四（大正三）年生まれ）の話

昭和三十一年か三十二年頃、本土から島の学校に赴任してきたI先生は、いつも子供達に何かというと迷信と言っていた。先生はT君に「ヒチゲーの夜、秘密で肝試しをしよう」と約束し実行した。金山の宮にサイダー瓶を置いてきた。

私は当時ホンボーイだった。その夜、道を清めながら金山の宮に行くと、懐中電灯を点けて下りてくるI先生に出会った。私は黙って礼をして通り過ぎ、宮の中には入らず鳥居の所で清めを終えて帰った。

ところが、後で先生が言うには、「宮の中にAさん（代々ホンボーイの家柄）が座っていたと言う。しかし、Aさんは宮には行っていなかった。それを知ったI先生は、それっきり、その話をしなくなり、子供たちにもその話をするなと言っていた。

それが関係しているかどうかは分からないが、その後、T君の兄が動力船で指を挟まれ大怪我をした。

Hさん（一九二九（昭和四）年生まれ）の話

祖父から聞いた話だ。祖父が浜のホーイのとき、シュエーを取りに行くのが遅くなった。帰りに神様に会った。馬のくつわの音がして、あわてて隠れた。

（三）口之島のヒチゲーの日程と詳細

調査年は二〇一四年七月である。口之島のヒチゲーは旧暦十二月十六日から十七日だが、昔の物忌みの期間は十三日から十九日まで行われた。

十二月十三日

行動範囲の制限が始まる。遠い山や畑には行かない。ネーシが、麻の繊維で七結び、五結び、三結びの符を作るので、家族の人数分貰いに行く。

十二月十六日

符を身に着ける。明日からカワ（集落内にある湧水地）の周囲に行けないので洗い物を済ませ、水を汲んで貯めて置く。夕方、背丈ぐらいの笹の葉がついた竹を、家の周りに点々と挿す。「ここは山ですよ」と神様に知らせる印だという。夜は外出せず、静かに過ごす。長く起きていても良い。Oさん（一九五三（昭和二十八）年生まれ）は、子供の頃、ヒチゲーに騒ぐと「ボゼが来るよ」と母親に脅されていた。「ボゼとは魔物みたいなものだと思っていた」と話す。

「島内の清め」

神役ネーシだったNさん（一九二七（昭和二）年生まれ）は、次のように話した。

神役ネーシは、総代からセバナヒトブイ（笹をテゴ一杯）を預かる。セバナはどこの神様にどれだけと、小分けにしている。これを前の浜の海岸に持って行き、潮に浸ける。

セバナで頭から清めながら「細波《さざなみ》の、潮のオミトを肩に浴びるば、おんけいそうかい（恩恵爽快？）なり」と唱えた。

口之島には神々がたくさんいる、島の全ての神の名をあげて、島に災難なきようにと祈る。次に、近くにある岳の神にセバナをあげ、島に災難なきようにと祈る。次に、高天原神社に行き、セバナをあげて祈る。高天原神社は神様が集まる所と言われている。ここでは三十幾つかの島の神の名を全て唱える。「申し外しはあっても、受け取り外しはありませんようにお受け取り下さい。島に災難なきようにお守りたもれ」と祈る。

ホンボーイ（本祝）経験者のIさん（一九三一〈昭和六〉年生まれ）は次のように話した。

セバナをあげる祭りの時には、カメガエクボの祭りと言って、未の日に、神役ネーシが鹿児島から琉球までの神々を呼びだし、トンチまで案内する。例えば平瀬には平瀬の神、赤瀬には赤瀬の神と、瀬の一つ一つにも神がおられる。今日から祭りが始まるのでよろしくお願いしますとセバナをあげる。セバナをあげるときは、奥山の三万三千三百三十三体の神様、山中の三万三千三百三十三体の神様、山口の三万三千三百三十三体の神様と言って、神様を呼び寄せるノリトがあるが、先輩から祭り以外の時にノリトをむやみに言うものではないと教えられていた。

夕方、神役ネーシは東の浜からセバナで清めて来る。ホンボーイは西の浜から清めて来る。西の浜では、昼頃までは漁に行っている人がいるので、漁の人が帰って来るのを確認してから、発電所の前で「ここから先にはもう誰も行きませんから」と言って清める。集落内では、山の神様が通る道があるので「ここにはもう誰も行きませんから」と言って清める。

皆が寝静まった頃、神役ネーシとホンボーイは神がのる道具を頭に被り、二人で集落（神社・各家）を清めて回る。各家では、神座敷（神棚がある表間）の縁側に茶碗一杯ぐらいの米を皿に入れて置いておく。神役ネーシとホンボーイは、その米で「災難なきように、この家を守りたまえ」と唱えながら家の周囲を清める。昔は百軒以上の家があったので、清めが終わる頃には夜が白々明けていた。

十二月十七日

ヒチゲーのショウニチ、吉日。カワの周囲に行かない。静かに過ごし、夜は早く寝る。

十二月十八日

この夜まで緊張して過ごす。あまり、外トイレにも行かない。神様が通る道の近くの家やナカブラの人達は、「メフトゴロという魔物が上の山からまくじって（転がる）回る」と言って夜は出歩かない。

十二月十九日

家の周りに挿していた竹笹を外す。近くの畑には行って良いが、遠くの山や畑には行かない。

十二月二十日

符を外す。仕事はボツボツ始める。人先飛びずんな（他の人よりも先に動き始めるな）、人の足跡見て通りなさいと言われていた。神様には身体障害者もあり、住まいに帰りついていない神もいるからだという。

（四）宝島のヒチグーの詳細と日程

調査年は二〇一五年三月である。宝島ではヒチグーと言う。宝島のヒチグーは、旧暦十二月が二十九日までの時は一月六日から七日。三十日までの時は五日から六日となる。

ヒチグーには「騒動するな、静かにしとけ」と言う。神役ヌーシ二人とオヤシュー（男神役）三人は、前日までに良い日を選んで符と御札を作っておく。子供や若者は符結びの手伝いに行った。符は芭蕉の繊維で七結び、五結び、三結びを作る。御札は細長い短冊に「鎮守神社御霊幸賜布攸」と書いてある。御札はオヤシューしか作れない。夫がオヤシューだったというNさん（一九二七（昭和二）年生まれ）によると、符のカイゼンと言って、膳に玄米・御札・符を載せてノリト（祝詞）を上げていたそうである。

一月四日

夕方、木戸口・玄関・倉庫等の戸にトベラを挿す。

一月五日

小《こ》ヒチグー。神様が洗濯する日と言われている。午後からは山・畑・海、水汲みにも行けないので、午前中に女の人は二日分の水を汲んで置く。男の人は牛の餌（草）を二日分準備する。

ソーム（玄米）を持って神役ヌーシとオヤシューの所に行き、符・御札と交換する。御札を小さく折り畳んで符の中央に括りつけて首にかける。家の出入り口に御札を貼る。

午後からは静かに過ごす。風呂は焚いて良い。夜は大きな声を立てない。外に灯りを漏らさないようにする。夕方から家族や友人が集まり、ソーメンや肉・野菜等を持ち寄って料理を食べながら静かに過ごす。

「島内の清め」

あかくろう（うす暗く）なる頃、神役ヌーシ二人が東集落と西集落に分かれて七つの宮の神道とオヤシューの所を拝んで回る。神役ヌーシは裸足に白い着物を着て裾をからげ、ガラン（鈴）を鳴らしながら回る。出会ったらいけない。もし、出会ったら、通り過ぎるまでしゃがんで待つ。

オヤシューの所では神棚にローソクを灯し、神棚がある表間縁側の戸を開けて正座で待つ。ヌーシが来たら、無言で互いに向かい合って拝む。

ヒチグーに子供達が大きな声を出したり、泣いたりすると、親が「エイエイボゼが来るよ」と脅した。エイエイボゼとは、暗い夜道を白い着物姿でガランガランと音を鳴らしながら歩くヌーシのことで、親に脅されると恐くてすぐ泣き止んだそうである。外灯もない時代だったので、ヌーシの姿は怖かった。エイエイボゼは悪石島のボゼとは違うという。

一月六日
大《おお》ヒチグー。この日は一日中、山・畑・海には行かない。何もすることがないので昨夜同様、朝から家族や友人と集まり、ご馳走を食べながら宴会をして過ごす。昨夜ほど静かにしなくとも良い。

(五) 結論

ヒチゲーは神々が主役となる祭祀である。畏れの気持ちを抱いて臨む厳粛な祭祀である。総代が祭祀責任者となって動く先祖祭りと違い、神々を迎えるヒチゲーではホンボーイが祭祀責任者として動く。神役の重要な役割は、神々を迎えるにあたり、島内を祓い清めることと、魔除けの符結びや御札を作ることである。

悪石島では男神役が神道の清めを行う。ネーシは符結びを作り、神との交信である神口達を行い、神々が住まいに戻られる日に神様のお祝いのイザケの席を設ける。口之島や宝島では神役ネーシが符結びを作ることは同じだが、口之島ではホンボーイとホンネーシが神道や家回りの清めを行い、宝島ではネーシが行う。宝島ではオヤシューが御札を作るが他島にはない。おそらく、御札の導入は新しい行為だろうと推測する。島々で神役の関与や方法に多少の違いはあっても、ヒチゲーにおける神役の重要な役割は、神々を迎えるにあたり島内を清めることと、魔除けの符結びや御札を作ることである。

ヒチゲーは神々が集まり、島の一年間を協議する日とされる。人間は慎んで厳しい物忌みに服し、一年間災難なきようにと島民の健康や島の安泰、作物の豊作等を神々に祈る。

この設定は、国中の神々が集まり、一年の神議りをするという出雲の神在祭に相似する。出雲国造千家尊統は次のように述べている[76]。

「この期間に参集された諸国の神々との神議りに、妨げがあってはならないというので、土地の人々は皆謹慎斎戒し、歌舞音曲も停められ、庭も掃かず物音を立てず、ひっそりと過ごすことになっているので、とくに「御忌み祭」と土地ではよんでいる」引用は千家（二〇一二：一一三）。

佐陀大社のお忌について、佐太神社宮司朝山皓は「神在祭概説[77]」の中で次のように述べている。

「お忌祭の謹慎斎戒に服するのは社中乃至六カ村の氏子は申すまでもなく、当時当社を社頭と仰いだ三郡半（島根、秋鹿、楯縫の三郡及び意宇郡の西半）の町村の如きも厳重に守ったものである。その『イミ』といふのは歌舞音曲より作事裁縫、月代等迄も禁じたもので、松江等では今も障子の切張すらも遠慮する所が少くない」引用は朝山（二〇〇〇：二九一）。

柳田國男は「物忌と精進[78]」で多くの事例を論じている。

「播州加古郡の日岡神社の祭りに伴うものは、「氏子は固よりのこと近村の住民までが、其間は洗濯をせず髪も結わず、刃物を使わず外出せず便所へもいかず、音のしさうな一切の道具に縄を巻く。たまたま戒めを破って外に出て神主の夜行に逢ふと、キスクミになるなど、謂って畏れられて居る」引用は柳田（一九七六：二二二）。

神迎えの祭祀に求められるのは、人の気配を極力抑え、神々の妨げにならないように、人間は物音を立てずに静かにするというものである。

ヒチゲーの物忌みは、ヒチゲーが十二月の島では数日前から住民の行動制限が始まる。集落から遠い山・畑へ行くことが禁じられ、次第に集落内へと狭まってくる。この理由は、ホンボーイが唱える祭りのノト（祝詞）を読むと理解できる。ノトには島を形成する主要な山々・岬・瀬の名が一つ一つあげられ、そこに住む神々に祈りを捧げる。遠くから近くへと狭まる行動制限は、遠くの神々が集落内へと近づいて来ることを意味する。「ヒチゲーが終わっても、仕事はボツボツ始める。神様には身体障害者もあり、住まいに帰りついていない神もいるから」という口之島の言い伝え等もそれを示す。

いよいよ神々が集落内に近づくと、悪石島では屋敷や家の出入り口にクワズイモにトベラを挿したイバシ掛けをする。宝島ではトベラと御札を貼り、口之島では笹のついた竹垣を立てる。これは邪悪な物が家屋敷に入るのを防ぐためである。人間は神の数字である七、五、三の数を結んだ魔除けの符を身につけ、邪悪な物から身を守る。ヒチゲーにはシュウマテやメフトゴロなる魔物もやって来る。神々が集まる神聖な日に魔物が来訪することに奇妙な感じも受けるが、神々を迎えた日々は非日常の世界である。神々と共に邪悪な物もやってくるという観念は、先祖霊と共に無縁霊や悪霊が寄って来るという先祖祭りの観念に同じである。魔除けの設定や語りは、厳しい物忌みを破り易い人の性分に対する戒めの表象ともいえる。

さて、ヒチゲーにはボゼが語られる。ボゼは悪石島の盆に登場する来訪神であり、居残り霊や悪霊を追い払う力を持つとされる。悪石島ではヒチゲーの最終日に「ボゼの足焼き」を行っている。ボゼの足を焼いてボゼを覚醒させ、居残っている邪悪な物を追い払って貰おうとした。他島では、「静かにしないとボゼが来っど」と騒ぐ子供達をボゼで怖がらせ脅した。七島では日頃からボゼで子供達を脅す。ボゼは恐ろしいもの、怖いものとイメージされていることが分かる。

下野敏見は、ボゼは悪石島だけでなく、トカラの他の島にも出現した。本来はヒチゲーに現れるものだったという見解を述べている[79]。その理由を次のように報告している。

「中之島では、旧暦一月十六日の晩、それはヒチゲー（日違い）という古い神祭りの前夜であったが、十三歳から十五歳の男の子たちがボジェになって出現するのであった。（中略）クロツグやビロウ葉を全身にまとい、頭には、ショーケ（片口笊）やテゴに紙を貼りつけてメンを描いたのを被り、棕櫚の皮の髪をつけていた。（中略）ボジェは、五、六体一組になって、暗くなってから子供のいる家を訪れた。全部で三組作って子供のいる家を全部回った。（中略）ボジェは「おっとはん、おっかはんのいうことをよく聞くか」などといって説諭すると、子供は「よく聞く」と答えたり、泣いたりした」。

「平島ではオーヒチゲの前日を「ボジェ回し」という。これは、中之島と同じように昔、ヒチゲーの前夜、ボジェが各戸回りをした名残であろう」引用は下野（一九八八：二一一－二一三）。

他島在住の平島出身の八十代女性は、平島のヒチゲーについて次のように話した。

もう昔のことでうろ覚えだけど、平島ではヒチゲーの前、今日から神様の日といって拝みをする。ホンボーイは一人で朝と晩にコクラ（小祠）コクラの神様をシュエーで祓い清めて回る。男神役三人が今日は神様の日と言って、コクラコクラの神様を回ってから家を全部回って祓い清めをしていたと思う。家では表の襖を少し開けていた。

中之島のボゼの出現の実際を知る者は既にいない。他島のヒチゲーとは異質な印象を受けるが、ボジェを出したのがヒチゲーの前日であれば、やはり祓い清める意味や子供が騒がないように物忌みの徹底をはかったと考えてもよいのではないかと考える。鹿児島市在住の中之島出身の七十代女性は、子供の頃、ヒチゲーに騒ぐと「ボゼが来っど」と脅されたと話す。平島のボジェ回しはオーヒチゲーの前日である。女性の話から、神役が社や家々を祓い清めて回ることを言っているのではないかと考える。

いずれにしても、ヒチゲーのボゼから見えてくるのは、ボゼとは邪悪なものを追い払う力を持つ、見るからに怖い風貌をイメージさせる存在である。それは決して悪神ではない。悪石島の盆のボゼが先にあったのか、それとも邪悪な物を追い払う力を持つ「ボゼ」というものがいると考えられていて、悪石島の盆のボゼはそれを具現化したものであるのかは定かではない。

神様が衣を洗濯するという伝承は、「改める」、「替える」、「新しくする」の比喩と考えると、島民が話す、「ヒチゲーはこの世を清めて新しい年に替えるという意味で日違え」、「神様の正月」ではないかという感想は、案外的はずれではないかもしれない。

神々がそれぞれの住まいに戻られる日に、悪石島では神役ネーシが神役、住民を招いて神様のお祝いのイザケをし、宝島や小宝島ではヒチグーの最中に家族や友人が集まり静かに食事会をする。ひたすら慎み恐がるだけではなく、神々の来訪を祝い楽しんでいる。

先祖祭りである親霊祭りの日程は七島共通であるのに対して、神迎え行事であるヒチゲーは七つの島が交互に行う。出雲の神在祭の期間について、佐太神社宮司朝山晧は、最初は旧暦十月十一から十七日までが上忌、十八日から二十五日までが下忌として十五日間続けて行われたと説明している。[80] ヒチゲーは七島北端の口之島が十二月で、南端の宝島は一月である。七つの島が十二月と一月に、交互に神迎え行事を行ったことに理由があるとすれば、上忌、下忌の観念が導入されていた可能性もあるかもしれない。

ヒチゲーの特徴は厳しい物忌みである。神々を迎え、迎年の幸を祈る年替えの祭祀である。一見変わった民俗行事のように見えるが、ヒチゲーは古い神迎え祭祀の姿を残す。神々を迎えるにあたって行われる物忌みの様、魔除けの符・札・植物、ボゼや魔物来訪の語り等、神祭りを考える上で興味深い。

（六）おわりに

七島の島々では、既にネーシの継承は途絶えており、符結びや神聞き、ネーシが行っていた神道・集落の清め等はない。昔ながらの符結びを知る人は高齢者だけである。

口之島では家の周囲に竹を挿すことは早くから行われていない。高齢者からは、「今の人はヒチゲーもそんなにしない」という言葉が聞かれた。宝島では「トベラを挿し（御札を貼る家もある）、静かに過ごすように心がけている」という声が聞かれた。Ｉターン者の芭蕉布復活事業で芭蕉の繊維が手に入るようになり、調査年のヒチグーには御札を括りつけた結びのない符が作られ、一部の人は魔除けとして首にかけたようである。

悪石島ではイバシ掛けや二十六日の神道・家屋敷の清めは現在も続けられている。二十六日は早めに仕事を切り上げ、外出を控える。夜は神棚のある部屋や家の外に灯りが漏れないように戸締まりをし、テレビの音を小さくして過ごす。

第八章　豊作祈願と収穫祭

一　四季の大祭

(一) はじめに

四季の大祭は二月、四月、八月、十一月に、それぞれ五日から九日間を要して行われていた。初祭りである二月祭りは一番短く、八月祭りは八幡神社、坂森神社の両神社で祭祀が行われるため、祭祀期間は一番長くなる。この間は仕事を全面的に休むわけではない。日にちをかけながら祭りの準備を行い、宮祭り当日と家回りの神楽の日だけが祭り休みになる。

初祭りの二月祭りは「作の祭り」である。大年《おおとし》の四月祭りは「麦の祭り」である。中年《なかとし》の八月祭りは「粟の祭り」である。十一月の霜月祭りは「カライモ（甘藷）の祭り」である。麦・粟・カライモは島の主要穀物であり、四季の大祭は豊作祈願・収穫祭であることが分かる。

四季の大祭は祭祀組織が総動員で動く。神役七人以外の補助役職は、四季の大祭のためにあると考えてよい。四季の大祭は三段階で構成されている。祭りの準備期間となる前段、本祭である宮祭り、後段は家が祭場となる。前段から宮祭りまでは男神役が中心となる。後段の祭祀は女神役が中心となる。

五日から九日間を要して行われていた四季の大祭は、一九七〇年代に入ると日程の短縮や簡略化が急速に進んだ。簡略から廃止へと一気に進んだのは後段の祭祀である。ネーシの継承が途絶えたことや祭祀形態が時代にそぐわなくなったことがあげられる。

一九八三（昭和五十八）年の霜月祭り調査時には、既に祭祀組織から神役ネーシは消えていたが、祭祀期間の短縮や簡略化前の祭祀を知る方達がリーダーとしてかかわり、宮祭りまでの重要事項については忠実に行われていた。本稿では、祭りの準備期間となる前段、本祭である宮祭り、家が祭場となる後段の祭祀の詳細を通して、四季の大祭の特徴について論じる。

（二）祭祀の詳細

主要祭場は神饌を拵えるソンジャ、神社、小宮である。宮祭り当日は、神役が本集落と浜の宮に分かれて祭祀を行い、金山の神社で合流する。東の宮の祭祀は現地には行かず、本集落に設けている寄せ宮でホンボーイが行う。祭祀には多くの祝詞がある。ホンボーイのみが唱える祝詞、神役ネーシのみが唱える祝詞、神役・下役が唱える祝詞等である。その種類にはゴス祭り、膳を戴くとき、御神酒上げ、お釜祭り、道の清め、鳥居に入るとき、御戸開《おみとびら》き、小宮の土祭り、本殿のノト（納戸・祝詞）申し上げる次第、ノトヒラ納め、弊納め、火の神の祝詞等がある。

①前段で行われること

ホンボーイは祭りの開始日に神社、小宮をシュエーで清める。集落共同作業で宮拵《みやごしら》えを行う。男子は宮道や境内の草払いを行う。女子は寺庭の清掃、墓参りをする。二日目に、触れ役が「今日から祭りやっどー、青物切るなー、火も焚くなー」と山の神様にも聞こえるように大きな声で叫《おら》び、祭りのお触れをする。三日目は何もない。

男神役はホンボーイ、ダイクジ、浜のホーイ、総代の使いである宮司の四人で弊かきをする。総代は自宅で金山の神社本殿の弊かきをする。弊の種類には八《や》しめ・かき流し・七五三がある。弊串類には弊を挟む掴《つか》み手ぐろ、玉串、供え物を載せる折り串や棒、茅引き等がある。これらは祭祀毎に取り替えられる。セイクジは神饌のゴスを盛るショウケ（ソウケ・笊）を作る。

神饌の準備はセイクジとカマコサギが行う。カマコサギは煮炊きに使う薪を調達し、各家から御使用米の五穀（米・麦・粟・黍）を集める。薪は、かつてはゲーロークイという枇榔林の神山から調達した。御使用米は花米、ゴス、粢《しとぎ》、粽等に使用する。八月祭りの御使用米は粽を作るために倍量が、霜月祭りではカライモが集められる。

カマコサギはゴスを炊き、そのお初をショウケに盛り、桑の葉を一枝載せて、神役七人の家の神に上げる。神役の家では椀の中と蓋の頂上の窪みにゴスを盛って神役に渡す。神役はそのゴスを自分の家の器に移し、神棚に供えて拝みをする。

ホンボーイとダイクジはソンジャでゴス（御炊）祭りをする。最初に太鼓を三回叩き、ゴス樽から一つまみのゴスを取って、広げた日の丸扇子の上に載せて捧げる。そのゴスは樽に戻す。同じ動作を三回繰り返し、ノリトをあげる。

ゴス（御炊）上げのノリト

月が中に月を選《え》い、日の中に日を選《え》い、今日の日の良い日の良い時に、
霜月（二月・大年《おおとし》・中年《なかとし》）のジョウボウ（譲造？）の初、醍醐の泉をかきわけて
炊《かし》きの主人に捧げ申す。神の方々に捧げ申す。
数多数多《あまたあまた》の持ち寄りたる五穀のおもては一合穂のようで
千石むけ万石むけ数多数多《あまたあまた》の両手の内に譲り取らしてたもり申せ
申し外しはござい申しても受け取り外しはなきように
神の方々受け取りたもり申せ。

初めの二行は、四季の大祭のほとんどの祝詞で前置きの文言として唱えられる。
宮祭り前日、朝、神役はソンジャとえっとうやでお神酒《みき》を奉《まつ》る。夕方、神役七人と下役はえっとうやでお初の飯奉《まつ》り、ちょんぽい飯（盛飯）を奉《まつ》る。えっとうや廃止後は男神役・下役がソンジャで行う。飯が炊きあがったら、カマコサギは神役・下役に知らせる。神役・下役は空の飯椀と菜と盆を載せた膳を持って集まる。飯椀に飯を盛り宴が催される。ネーシはソンジャに入れないのでお初を届ける。

② 宮祭りで行われること

神役は宮祭りに行く前に、えっとうやで粥を頂く。浜の神役は浜の宮に行く。宮祭りは「にわつき三郎」の小宮から始まる。「にわつき三郎」、「八幡神社」、「金山の神社」、「北山殿」、「ジュウシノゴゼ」、「東の宮の寄せ宮」の順序で行われる。「にわつき三郎」と「東の宮の寄せ宮」はホンボーイが祭る。「北山殿」と「ジュウシノゴゼ」はホンネーシが祭る。他に名前のない小宮をセイクジが祭る。

ソンジャではセイクジとカマコサギが、花米、粢、ゴス、八月祭りでは長粽を三六五本、霜月祭りでは蒸したカライモを準備する。ゴスの上には桑の葉を一枝乗せる。これらの神饌は、カマコサギ、一郎、二郎、水汲みが八幡神社に運び、本殿前の上から三段目の竹棚に置く。

「八幡神社祭祀」

ダイクジが御戸開きの祝詞を唱えて本殿の扉を開ける。本殿はホンボーイとダイクジが、境内小宮はダイクジの指示を受けながらカマコサギが祭殿を整える。小宮には月桃の葉またはツワブキの葉を置き、その上に粢と霜月祭りではカライモ、八月祭りでは粽が供えられる。祭祀の準備が整ったらホンボーイが本殿で参拝し、男神役もそれに続く。ホンネーシは中に入らない。

本殿外庭で男神役は向かい合って正座し盃を交わす。カライモとシオケ（煮染め等）が神役、一般参加者にも配られ参加者全員でお神酒《みき》をまつる。

一郎、二郎はショウケにゴスを盛り、水をかけて漉し、甘酒を三回作る。一回目は本殿祭祀に、二回目は小宮の土祭りに、三回目はノトヒラ納めに用いられる。

ホンボーイとダイクジは担当する境内小宮の土祭りをする。次にホンボーイが本殿の中でノトベラ（幣）を持ってノトを上げる。ノト上げには太鼓が用いられる。ノト文言は島の主要祭神、島を形作る山々、瀬の名一つ一つを上げ祝う。文言には太鼓を鳴らす箇所があり、左後方に控えている宮司または一郎、二郎がそこで太鼓を叩く。

次に、ホンネーシが本殿前の上から二段目の竹棚で、太鼓を叩きながら祝詞をあげる。ホンネーシは引き続きその場で神楽をあげる。神楽では、右手にガラガラ（錫杖型鈴）を左手に御幣を持つ。他に神楽太鼓とテブヨシ（シンバルようの銅拍子）を奏でる人がいる。

最後に、ホンボーイが本殿前の弊掛け鳥居よりノトヒラ納めをして八幡宮の祭祀が終了する。神役は全員で宮の片付けをする。ホンネーシは宮を出る前に、神の方々横の祠を祭る。八幡神社から集落に戻る途中、神役は大麦の古里《ふるさと》畑方角にあるこんもりとした森を目安に並んで古里権現を遥拝する。四月祭りでは、坂森神社境内から大麦の古里方角（古里権現）に向かい遥拝する。古里権現は下役の水汲みが土祭りをする。


「金山《きんやま》の神社の祭祀」

各家の内神を祭る金山の神社の本殿は他の神社よりも広い。神役七人、西の宮ホーイ、下役全員が本殿の中に揃い、和やかな雰囲気の中で行われる。集落世話人である総代が祭殿を整えた後、神役、西の宮ホーイの順に参拝する。ホンボーイのノトはない。一般参加者にもシオケが配られ皆でお神酒を奉る。参加者はお神酒を奉りながらネーシの神楽を見る。この神楽には神役以外のネーシも参加できる。

本殿の祭祀終了後、「コシキセンジョウ乙姫御前」、「サイモ次郎殿」、「サノキの御主殿」の小宮で祭祀を行う。ここでは、大きな声で「鰹を釣ったどー、溢れるごと釣ったどー」とおらぶ。これで金山の神社の祭祀が終わる。

神社祭祀終了後、ホンボーイは「東の宮の寄せ宮」で、ホンネーシは「北山殿」、「ジュウシノゴゼ」の小宮で祭祀を行う。セイクジは石が七、八個並べてあるだけの名前のない小宮を祭る。神役ネーシがいなくなってからは、ネーシの祭祀はホンボーイがネーシのノリトを上げて替えた。宮祭りはソンジャのお釜祭りをもって終了する。お釜祭りはホンネーシが行う。

ソンジャのお釜祭りの祝詞
（月が中に月を選《え》い……を唱えた後）お釜繁盛護《かまはんじょうまも》りやって賜《たも》り申せ

③ 後段で行われること

宮祭り終了後は家回りの神楽がある。家回りの神楽には神役以外のネーシも参加した。神役は神楽の前にえっとうやで飯（粥）を奉る。神楽はえっとうや、トンチ、神役の順に回り、翌日に民家を回り、ホンネーシの家で終了する。

四月祭りと八月祭りでは、この後に親火祭り・火の神祭り、大中《おおなか》の祭り、シバタケ祭りが行われる。神楽が終わった日の夕方、神役ネーシとホンボーイはシュエーを取ってきて、トンチの木戸口に置く。入浴・更衣後に総代の家に行き、それぞれが火の神祭りの祝詞を上げて火の神祭りを行う。

翌日午前中に神役ネーシとホンボーイは、「七所《ななところ》の呼ばれ」の火の神祭りを行う。七所では四月祭りは麦・八月祭りは粟の団子を九つ（大一個・小八個）盆に盛り、その上に柴を二本供えて待つ。九つの団子は火の神を意味する。神役ネーシとホンボーイはその柴を手に取り火の神の祝詞をあげる。民家の火の神祭りはその後に行われた。浜のネーシは七所だけを回り、供えられていた大きな団子を貰う。ホンネーシは全ての家を回り、七所以外の大きな団子を貰う。女の子は「火の神の餅貰い」と言って、良い着物を着て付いて回ったそうである。男の子は餅貰いには行けない。

夕方、大中の祭りが総代の家の庭で行われる。大中の祭りは一番大事な祭りだと言われていた。総代は鰹一喉《いっこん》片ひら（又は鰹節）を準備し、各家からは花米（五穀）四合が供えられる。これらの供え物は祭祀終了後、神役ネーシとホンボーイで分ける。

総代の家では花米で作った甘酒を供え、ホンボーイの同席のもとに、神役ネーシによる祭祀が行われる。筵の上に餅搗き臼二つを横にして、ホンネーシと浜のネーシが腰掛ける。神役ネーシはキン（絹）の着物に、首には数珠を掛け、頭にはカンネカズラを載せる。ホンネーシは広げた日の丸扇子を胸に水平に当て、「天ちくの、あんぼうが原のチョンチョンやがほし送り届ける……」と歌いながら、餅搗き臼を三回回る。

大中の祭りが終わると神役ネーシはシバタケに移動し、祝詞をあげてシバタケ祭りを行う。シバタケ祭りには神役以外のネーシも参加した。シバタケ祭りが終了するまでシバタケの道は通行禁止になる。シバタケは宝島・小宝島を臨む見晴らしの良い広場で、南から往復する船や潮見所でもあった。東側の土手に竿竹に反物三種類が掛けられ、神役は宮祭りの帰りに立ち寄り甘酒を奉った。

シバタケ祭りで神役ネーシが唱える祝詞
（月が中に月を選《え》い・・を唱えた後）
アシサシダシノカリザチウ（チウ＝という）
ツヅハゲボヲズノヲイマセチアチウ（ヲイマセチアチウ＝居られるという）
セノウエノミキヤアミ（瀬ノ上のみきやあみ）
トカラカリフタノヲヤノカミ（トカラは宝島の古名）
ツカサ、ツカサ、コヲーザ、コヲーザニサシヤゲモヲス（司・司、高座・高座に差し上げます）
シタノカミホモトノカミニサシヤゲモヲス（下の神、浦元の神に差し上げます）

神役ネーシの交代がある場合は、シバタケ祭り終了後に、総代の家の庭で神調べの式・新任の式が行われた。

(三) 結論

四季の大祭は長い日程で行う複雑な祭祀である。祭祀の流れを詳細に見ていくと、宮祭りまでの祭祀と、四月祭りと八月祭りの後段の祭祀は、違う形態で行われているという印象を受ける。四季の大祭の特徴を整理してみる。

豊作祈願・収穫祭である四季の大祭には、島民の祈りが物語性として反映されている。氏神である八幡様の両親の神が設定されている。祭祀は父親を祭る小宮から始まり、母親を祭る小宮で終わる。父親を祭る小宮は男神役のホンボーイが、母親を祭る小宮は女神役のホンネーシが祭る。

ゴスには桑の葉が一枝載せられる。載せるのは桑でなければならないとされている。桑の葉を一枝載せてゴス(御炊)祭りを行い、桑の葉を一枝載せたゴスが神役の家の神棚に供えられる。神社では桑の葉を載せたゴスで甘酒を造る。桑の木は神祭りに関係する神木である。神々の祭りであるヒチゲーの始まりの日に、大麦の畑の桑の木に神様が衣を洗濯して干すという伝承がある。四季の大祭では神役は大麦の古里方角(古里権現)に向かい遙拝する。古里権現は桑の木の根元に祭る。大麦の畑は島の中で一番作物が良く育つ場所で、穀物類の種は大麦の畑から採っていた。つまり、豊作祈願・収穫祭である四季の大祭と、島の一年について作物の収穫等を神々が協議をするという神祭りのヒチゲーは、桑の木を介して繋がっていることが分かる。

また、神饌の煮炊きに使う薪は枇榔林の神山から調達されていた。枇榔樹は、琉球では神が宿る神聖な樹木とされ、御嶽でよく見られる樹木である。神が宿るという樹木の林に意味を見出そうとしていることが推測できる。

もう一つの特徴は、祭祀組織の中で祭祀責任者の棲み分けが行われていることである。四季の大祭のリーダーはホンボーイである。ホンボーイは祭祀組織のリーダーとして祭りを執り仕切る。しかし、家の内神を祭る金山の神社では総代が祭祀責任者となる。氏神を祭神とする祭祀は神主であるホンボーイが、家を祭祀対象とする内神は集落世話人である総代が祭祀責任者となる。この構図は、神祭りのヒチゲーではホンボーイが責任者となって動き、先祖祭りでは総代が責任者として動くのと同じ構図である。

最も特徴的なのは、麦の祭りの四月祭りと粟の祭りの八月祭りである。前段から宮祭りまではホンボーイが責任者となり粛々と祭祀を行う。男性神役が優位に立つ神道系祭祀を基本にしている。江戸後期に神官講習を受けた本祝の書状があることから、おそらく祭祀次第の要領を取り入れていると考える。家回りの神楽は神役七人の同席が求められることから、宮祭りに引き続き神道系祭祀の延長と考えることができる。

後段の祭祀はホンネーシがリーダーとなる女性神役優位の祭祀である。親火祭りは前夜に総代の家の火の神祭りが行われ、翌日はトンチを筆頭とする「七所の呼ばれ」の火の神祭りが行われる。火の神祭りでは神役の家よりも草分け的存在である七所の家が優位に立つ。これらの祭祀に参加するのは神役ネーシとホンボーイだけである。

島の政治的役割を担っていた、かつての島司・トンジュがトンチの家主であるなら、七所に先駆けて行われる総代の家の火の神祭りは、島司・トンジュの座が総代に代わったことにより行われるようになったと考えることができる。同様に総代の家で行われる大中の祭りや神役ネーシ交代の「神調べの式」も、元はトンチで行われていたのかもしれない。

火の神の餅貰いには女の子だけが参加できる。シバタケ祭りはネーシだけで行う女の祭祀である。火の神の祝詞やシバタケ祭りの祝詞には琉球言語の単語が確認される。特に火の神祭りの祝詞はそれを唱えるネーシやホンボーイにも良く分からないという。難しいと表現する。

女神役優位の後段の祭祀には琉球系祭祀の要素が顕著である。麦の祭りである四月祭りと粟の祭りである八月祭りは、男性神役優位の神道系祭祀と女性神役優位の琉球系祭祀の複合である。

四季の大祭の構造には整理しきれない混沌とした姿がある。ホンボーイのノト申し上げる次第には、琉球系神女を祭神とする東の宮の神々が読み上げられ祝われる。しかし、本集落や浜の宮のように、専属祭祀者はおかれない。本集落に設けられている東の宮の寄せ宮は小宮の位置づけであり、宮祭りの最後にホンボーイが祭祀を行う。現地の宮には鳥居はない。鹿児島市内在住の高齢者の中には、東の宮を神社と言っていた記憶はないと話す人もいる。東の宮の神は年に一度だけ、ヒチゲーにネーシを通して神口達《かみこうだつ》する神である。大事な神々ではあるが本集落の神社や浜の神社とは位置付けに差がある。また、神饌を拵えるソンジャは東の宮の「差笠のミコト」を映す作りになっており、「差笠のミコト」を祭っているとされる。しかし、神役ネーシはその中に入れない。

神々と聖地や四季の大祭には、ヤマト系祭祀文化と琉球系祭祀文化の混在が認められる。境界域に位置する七島特有の姿が浮かび上がる。

第九章　正月行事

一　初山とトシダマ祭り

(一) はじめに

正月の月は、船祝い、お日待ち、七草祝い、初山、漁祭り、お伊勢講、お講と様々な行事が続く。これらの中から、二〇一四(平成二十六)年に実見・体験した「初山」を取り上げる。悪石島の初山は一月五日から八日に行われる。

正月仕事始めの儀礼は、全国的には一月十一日頃までに行う所が多い。山仕事の仕事始めである初山入りは、鹿児島県内では「二日山《ふつかやま》」あるいは「山の口開け」、「若木伐り」等と称し、正月二日や四日に行う所が多いようである。

早朝にナタを持って山に行き、薪にする雑木を伐ってくる所、カシやシイなどの実の生る木を伐って来て庭や垣に立てる所、それらを各戸が個人儀礼として行う所や集落共同儀礼として行う所もある。「昔は二日山といって共同で山をかった時、朝早く煙草乾燥用の薪とりに行くこともある」という知覧町の事例[81]のように、初山を集落共同作業として行うところもあった。

初山はまた、臼起こしや鍬入れ（鍬初め）等の農耕儀礼と連動する形で行われるという特徴もある。これらの初山行事が現在どの程度の地域で行われているのかは把握していない。

本稿では、早川孝太郎[82]や下野敏見[83]による既報告と二〇一四（平成二十六）年の初山を比較しながら、初山行事を伝承していく過程において、何が残され、何が除かれてきたのか、また伝承過程で発生する変化要因等について検討する。

（二）初山

① 平成二十六年の初山

二〇一四（平成二十六）年の初山はコミュニティセンター前の道作りだった。一月八日（水）午前十時、各々が草刈り機や鎌、竹箒などを手にコミュニティセンター前の広場に集合した。集合した人達は全員が大人である。係より、初山行事の挨拶や作業段取りを聞いた後、三十分から四十分ほど、道路脇の草を払い、雑草を抜き、道路を掃いてきれいにした。作業終了後にトシダマ祭りが行われた。

初山には餅を焼いて持参する。初山作業が終わると、持参した焼き餅をひとつまみ千切って、各々がその年の恵方の方角に向かって三回投げる。その時、次の様な唱え言を唱える。

歳徳大明神様に上げます

山の神様に上げます
家内安全、無病息災
足手のつまづき
傷もございませんように
お願い申します（古くは、思い思う願いのままに叶え取らせてたもり申せ）

唱え言からは、今年一年の山仕事や農作業の安全を祈ったものであることが分かる。餅を投げ終えた後は、配られたペットボトルのお茶と残りの焼き餅を食べながらしばし談笑して解散する。お茶は自治会が用意したものである。

②八十歳世代の初山の記憶

八十歳世代の初山参加は第二次世界大戦後である。現在は既に引退しているMさん（一九三四（昭和九）年生まれ）、Aさん（一九三二（昭和七）年生まれ）、Sさん（一九三七（昭和十二）年生まれ）、鹿児島市在住のKさん（一九三一（昭和六）年生まれ）、Hさん（一九二九（昭和四）年生まれ）に、当時の初山の話を聞いてみた。

初山はユーブガタイ（有賦人として仲間入り）の十五歳から参加する。小さな子供がいると女の人は行けないので、初山に行くのは男の方が多かった。初山に行く前には、神役七人はホンボーイの所に集まって神楽を上げてから来ていた。

初山は昔から道作りだった。昔の道は山道だったので、荒れている道があれば、そこを初山の場所にしていた。村（本集落）から浜（港・浜集落）に行く浜道やオオムネ（大峯）に行く道、東の道などだった。

男も女も皆、新しい白い手拭を被って行った。男はねじり鉢巻き、女は姉さん被りにする。花染めの手拭は知らない。Sさんは親が紅の襷をかけてくれたそうである。

初山の作業時間は一時間から二時間ぐらいだったと思う。作業が終わったらトシダマ祭りがある。トシダマ祭りの餅は、小さな丸餅や雑煮用の餅（長餅を二㎝幅位に切る）を焼いて持って行った。Aさん、Sさんは神棚に供えていた小餅を焼いて持って行った。

餅は一つまみ千切って、明き方（恵方）に向かって前向きに三回投げる。その時、「歳徳大明神……」と（前述唱え言）唱える。Mさんによると、義母は歳徳大明神、山の神、海のジュウグウ（海の神様）と、三つの神様を言っていたそうである。

初山は楽しかった。カッシャ（月桃の葉）に包んだ焼餅は美味しかった。初山の後は飲みかた（宴会）がある。個人の家ではなく、広っぱで飲んでいた。ユーブガタイの十五歳の親が焼酎とショウケに煮しめ等を入れて持ってきて、「よろしくお願いします」と一緒に挨拶をして回っていた。茶碗酒（島焼酎）は飲める人は飲んだ。砂糖を入れて飲む人もいた。


筆者が実見した初山と昭和時代の初山を比較してみる。変わらないのは参加者が大人であること、初山の場所と作業内容、作業終了後にトシダマ祭りが行われることである。初山終了後に行う宴は、お茶を飲みながら談笑するという形で残っている。

行われなくなったことは、神役による初山の祈り、新しい手拭を被る、作業終了後の飲酒を伴う宴と新有賦人による焼酎等の負担である。これらは大きな時代変革の中で、祭り事中心の生活が崩壊したこと、貨幣経済、車社会の到来等による、起こるべくして起きた変化である。この様な変化は、第二次世界大戦後に全国隅々で起きた社会変化でもある。

③ 明治生まれの世代の初山

次に、早川孝太郎、下野敏見の報告内容を紹介する。早川孝太郎は一九三五（昭和十）年に、下野敏見は一九六五（昭和四十）年に訪島し聞き書きをしている。両先生が聞き書きした伝承者は明治生まれの人達である。

早川孝太郎報告

「その年十五歳に達した男女は山に入り道を作り切り開き、その後で木を伐って来る。ハツヤマはいずれかというと女性の行事と考えられていて、そのおりの作法は、正月のオカガミを割って持ってゆくのである。これをトシダマと言い、その歳の神のいる方位に向かって播き供える。（中略）山に撒き供えた残りは必ず自身が食べることを建前としている。女性中心の行事と考えることについて、現在の解釈では、島では女性が粟山（焼畑農業）の作業に主として携ることから、年分つまづきのないように、あらかじめ神に祈るものとしている。

なお山入りには、花染めの手拭に紅の襷をかける。襷にはフクサ（草履等につけたものはマブリとも言い、一種の装飾）をつけてあるので、ことに美しかった。かくして一通り道を切り開きその後で各自思い思いの用途に応じ木を伐って来る。薪、物干し棹、舟の艫の腕木、水棹等である。山入りの場所は格別定まってはいないが、粟山が多くあるところから大峯（地名）が多く選ばれた。

山から帰ると、あらかじめ用意した煮しめにオシオケ（漬物）と、それに焼酎を三升を持ち、山帰りのままの姿で総代の家に行き、そこに集まっている村人一同に持参の品を提供する。この時の焼酎は全部の者に一人残らず薦めて飲んでもらうのが作法としてある」引用は早川（一九七六：二三二）。

下野敏見報告

「初山のときは花染めの手拭を、十五歳の男女は皆被って山に行った。その手拭には色糸をくくりつけて飾った。タスキもかけた。初山には悪石島の十五歳から六十歳の者は全員行った。トーゲと山キイ、ナタなどを持って道をさらえた。初山から帰ると、あらかじめ決めていた十五歳の者のいる家で、十五歳の者全員に御馳走した。そのとき、茶碗酒を必ず飲まねばならなかった」引用は下野（二〇〇九：一〇三）。

変わらないのは、初山の場所と初山作業が共有道の道作りであること、初山参加年齢、トシダマ祭りを行うことである。

昔の細い山道はすぐに竹や草木が覆う。仕事始めの初山は、昔も今も島の暮らしに欠かせない、共有道の道作りを皆で行うことであった。現在のコミュニティセンター前の道路も、港と村集落を結ぶ浜道沿いにある。

かつての戸数は、現在よりは多い三〇戸前後の小さな集落である。島が近代化される前の集落運営の特徴は協働の精神であった。オヤデーと称する共同作業が多く、新築の屋根葺き等は、皆が笹を持ち寄って被せていたそうである。

初山参加年齢である十五歳は、鹿児島では子供組から大人として扱われる二才《にせ》入りの年齢である。悪石島では十五歳をユーブガタイとし、六十歳まで様々な集落作業や村落祭祀に参加した。初参加するユーブガタイの年は、その度に仲間入りを祝われる。初山でも新有賦人の仲間入りを祝ったことが分かる。

八十歳代の人の記憶にある初山と比較し、変化しているのは手拭である。早川や下野の報告にある花染めの手拭は白い手拭になり、手間のかかる染色作業が行われなくなったことが分かる。紅の襷が消えているは仕事衣の変化によるものであろう。仕事に洋服類を着だしたのは大正四、五年頃だという[84]。

初山終了後の宴のあり方は、個人家に集まって行う賑やかな宴から、広っぱで飲む簡易な形に変化している。一部の家に集中する負担を回避する方法に変化している。早川の報告にある「山帰りのままの姿で総代の家に行き、そこに集まっている村人一同に持参の品を提供する」状況は、十五歳の若者とその親がシオケや焼酎を持って来て振る舞うということであろうか。

早川の報告には、「各自思い思いの用途に応じ木を伐って来る」とあり、初山で木を伐って持ち帰るという行為が悪石島でも行われていたことが分かる。しかし、存命中の八十歳代の人達は見たことも聞いたこともないと話す。また、初山が女性中心の行事という認識は八十歳代の人達にはなかった。

(三) トシダマ祭り

初山ではトシダマ祭りが行われる。歳徳神の在る恵方に向かって餅を投げて捧げ、歳徳大明神や山の神に今年一年の山仕事や農作業の安全を祈る。餅の残りは本人が食することから、その祈りは餅を共食することによって一体化すると考えられる。

トシダマ祭りは初山だけでなく、正月二日早朝の若水汲みのときにもしていたそうである。若水汲みは各々でタッゴンカワ（湧水地、昔の水汲み場）に行く。餅を千切って、木の枠で囲った水溜まりに前向きで三回投げ入れ、「歳徳大明神様、カワの水神様……」と祈った。現在は行われていない。

トシダマ祭りは、昨年一年間のお礼と新しい年の祈願だという。新年の祈りであることから、トシダマは年魂・年霊であろう。

歳徳大明神は正月の神様とされる。広辞苑には「その年の福徳をつかさどる神。この神の在る方角を明の方または恵方といい、万事に吉とする」とある。

初山で恵方を意識して木を伐る・祈るという報告事例は少ないが、臼起こしや鍬入れでは恵方を意識して儀礼が行われる。「アキホウに向いて土間に臼をおき、テギネで臼の縁を二つ三つコツコツと叩き、ミをもってふるう真似をする」[85]。「アキホウに向き三鍬うつ、アキホウに向いた畝を作る」[86]等。

昨年一年間のお礼と新しい年の幸運を祈る正月仕事始めの儀礼は、恵方を意識して行うのが古い姿であろうと考える。

トシダマ祭りでは餅を千切って三回投げる。正月二日の鍬入れでは三回掘って、米と餅を千切って三回投げる。その時、「一鍬で三合、二鍬で三合、三鍬で三合、千石万石積ませてたもれ、穂の上に穂が重なりますように、潮が満ち込むごと満たせてたもれ」と唱える。鍬入れは女性がするものだったそうである。

他地域で行われる臼起こしや鍬入れの儀礼では餅が供えられ、臼を三回コツコツと叩く、鍬を三回打つ等、儀礼の中に三回という数の拘わりがあるのも特徴である。南大隅地方の鍬入れでは、「一鍬打っては一千石、二鍬打っては二千石、三鍬打っては三千石」と唱える。[87]正月お屠蘇の儀礼等にも三段重ねの盃、三回に分けて飲むなどの作法がある。三という数に意味があるのであろうか。

唱え事にある足手の躓きや傷（怪我）は山仕事だけのものではない。焼畑や畑仕事の災難予防の祈りでもあり、餅が捧げられることには五穀豊穣の祈りも込められているであろう。

かつて、悪石島で行われていた「白綱曳き」の漁では、山の神を降ろして漁を行う[88]。山の恵みも・陸の恵みも・海の恵みも山の神がもたらす。山を神聖視し、畏敬の念を持つ山の神信仰は広い地域に存在する。かつての人々の意識には、山の神を源とする発想があったのかもしれない。

（四）伝承過程で発生した変化要因

二〇一八（平成三十）年三月に行った聞き書きで、トシダマ祭りの行為が修正されたという情報を得た。実見したトシダマ祭りでは、恵方に向かって、ちぎった餅を肩越しに「後ろ向きに投げていた」。しかし、本来は「前向きに投げる」が正しい行為であった。後ろ向きに投げるのは間違いであることに気がついたKさん（一九五二（昭和二十七）年生まれ）がそのことを説明し、二〇一八（平成三十）年の初山からは前向きに投げているそうである。

後ろ向きに投げるようになったのは、参加者の中で年配だった人が「後ろ向きに投げるのだよ」と言ったことがきっかけだったそうである。後ろ向きに投げるのは、厄年の厄祓いのときに、道の三叉路や四叉路でお金を投げるときの行為であった。つまり、投げるという行為を伴う二つの行事を巡り、混乱が生じたことが分かる。

また、餅は鏡餅を焼いて持って来ると聞いていたが、八十歳代の方の話では、鏡餅は十一日に下げて、切った餅で吸い物を作り神様に上げる。トシダマ祭りの餅は小さな丸餅や雑煮用の餅だと話す。島の民俗行事の保存活動に尽力しているKさんは、餅は鏡餅でも丸餅でも良いと認識していたそうである。鏡餅については、早川の報告にも

「正月のオカガミを割って持ってゆくのである」とある。さて、どれが正しいのであろうか。

トシダマ祭りは若水汲みでも行う。正月二日の若水汲みで鏡餅を使ってトシダマ祭りを行うとは考えにくい。全国的には十一日に鏡開きをする地域が多いことを考えると、八十歳代の方が話す「鏡餅は十一日に下げて吸い物を作って神様に上げる。トシダマ祭りには小さな丸餅や雑煮用の餅を焼いて持って行った」に信憑性を感じる。

トシダマ祭りで生じた行為の正誤は、伝承の継承過程で起きた、知識の曖昧さの中で起きた混乱であるといえる。その原因の一つは人材の消失である。人口減少、人材の流出、人材の早世等により、昔からの行事を良く知る人が減少したこと、世代間の継承がうまく機能しなかったことなどがあげられる。もう一つは核家族化や共同作業の減少等による生活スタイルの変化に伴い、先輩から教えられ教えを請う機会の減少である。価値観の変化に伴う関心の低下等もある。

知識の曖昧さの中で起きる混乱によって、民俗伝承が変化しうることもあることを示唆している。このような現象は、民俗行事の伝承を巡る課題として、どこでも起き得ることである。既に起きている可能性もあるだろう。

初山の伝承過程で変わることなく残されてきたのは、初山の場所の選定と初山で行う作業内容、トシダマ祭りである。行事に付随する諸々の娯楽は削がれ、初山行事の骨格だけがシンプルに残された。それが初山の主旨を表している。

人口減少や生活スタイルの変化とともに、民俗行事は全国どの地域でも急速な勢いで消えてきた。それは小離島においても同じである。悪石島の初山は主要共有道の草払いや清掃を皆で行う利点と、作業後に行われるトシダマ祭りは大人も子供も楽しめるイベント性を持つ。昔の山道と違い、現在の道路環境は子供が参加しても安全である。人口減少が進む中で、大人も子供も楽しめる正月行事として、イベント化することも可能である。

結語

本研究の対象地域となる悪石島は、南西諸島の北端に位置するトカラ列島の一島である。種子島・屋久島と奄美大島の間に、南北一六〇㎞にわたって帯状に連なる小さな島々は、古くから北と南の海域を往復する海上交通の道標となってきた。人の往来の通過点に位置するという地理的特徴は、この地域に住む人々の生活や歴史や文化にも様々な影響を及ぼした。

本書の目的は、人は何故共同体の中で祭り事を行うのか、悪石島を事例にその精神世界や世界観を見てみようとするものである。それは地域で行われる一つの村落祭祀をもって論じるのではなく、年間を通して行われる村落祭祀の全体を把握し、個々の祭りに流れる文脈を通して確認する。その主旨に基づき、本書の特徴は具体的かつ詳細な聞き書き・観察記述になっている。

対象地域の祭祀文化を理解するための基礎情報として、第一部では地域的特徴や生活環境について、第二部では巫女の存在、神々と聖地、祭祀組織について説明した。第三部では祭りの文脈がより浮かび上がるように、祭祀に臨む人々の姿を祭りの準備段階から詳細に記録した。

悪石島の集落社会の構造は、年齢階梯制と総代を中心とする自治組織によって機能する結いの共同体である。悪石島の事例から見えてきたのは、村落祭祀が地域共同体の中に組み込まれ、共同体を構成し維持する核となっていたことである。村落祭祀の目的は、住民の安全や健康、島の安泰、作物の豊作を願う神々への祈りである。神々に頼り、神々の存在を意識した暮らしの中で、神々と意思疎通ができる唯一者ネーシの存在意義は大きかった。

　神々と聖地は村落祭祀の祭場であり、人々の願いや思いや精神世界を映す表象である。神々は一つではない。先祖であり、島建て神であり、氏神であり、山の神であり、海の神であり、琉球神女であり、釈迦であり、島を構成するあらゆるものに宿る神々である。多元的な宗教様相は日本的アニミズムの世界観とも言えるであろう。

　祭祀組織は共同体祭祀となりうるための装置である。祭祀組織なしでは共同体祭祀にはなり得ない。おそらく、祭祀組織が解散したときに、共同体祭祀としての村落祭祀はその役割を終えるであろう。村落祭祀はそこに暮らす人達を繋ぎ、共同体を維持する大事な共同儀礼であった。

　鹿児島市内に住むHさん（一九二九（昭和四）年生まれ）は次のような話をした。島に赴任した某教員は生活改善にとても熱心な先生で、「この島は祭りが多すぎる」といつも言っていた。数年後、鹿児島市内でばったり先生に再会したときに、「よその土地に赴任して初めて、なぜあんなに祭りごとをしていたのかが分かった」と話されたそうである。つまり、祭りが互いに協力し助け合い、集落をまとめる繋ぎになっていたということを言いたかったのだろうと推測する。

　悪石島の村落祭祀に見られる祭祀文化の混在は、この地域の地理的特徴を反映している。人の移動と交流と文化伝搬のダイナミックさを彷彿とさせる。名前を知られることもないような小さな離島が、決して閉ざされた環境ではなかったこと、そこに暮らす人達が外の世界との交流を通して取り入れた情報を、自分達の祭祀文化として体系化していく、知的好奇心や感性、行動力を持つ人々であった。

　村落祭祀が暮らしの実態とかけ離れていく中で、悪石島の人達は祭祀継続の取捨選択と簡略化を図りながら近年まで多くの祭祀を継承してきた。しかし、人口減少が進む中で祭祀継続は難しい決断を迫られている。

かつて日本の各地域で行われていた多くの共同体祭祀は、第二次世界大戦後の社会変革の中で、その多くが廃止されてきた。社会様式の変化とともに祭祀を続けることへの疑問も芽生えてきた。しかし、都会、地方にかかわらず、人と人の関係が希薄な現代社会において、地域共同体を一つにする村落祭祀の持つコミュニケーション力の意義は魅力であり、貴重である。その意義が失われない限り、一部の祭祀は新たな文脈を付加させながら、あるいは形を変えて伝承され、また時代とともに新しい祭りが誕生していくのであろう。

あとがき

この本のもととなっているのは三十数年前の卒業論文です。悪石島のフィールドワークでは、宮永広さんをはじめとする当時の神役の方々や坂元セイさん、住民の皆様方に大変お世話になりました。当時、教えを頂いた方々は既に鬼籍に入られています。何回も聞きなおす初心者の私に、気長に対応し教えてくださったお一人お一人の姿を懐かしく思い出します。

本書を纏めるに当たり再開した調査では、悪石島在住の皆様だけでなく、島外在住の出身者の方々にも大変お世話になり、多くの教えを頂きました。ご協力頂いた皆様方に心から感謝を申し上げます。

また、口之島、宝島のフィールドワークでは、七島の島々が、確かに同じ文化圏の中で一つに纏まり生きていたことを実感し、感動したことを覚えています。教えを頂いた方々も相次いで鬼籍に入られたとの報を耳にしました。縁側で、遠くを見つめるように淡々と話された方、静かに、あるいは情熱的に話される方、お一人お一人の姿が懐かしく思い出されます。心から感謝を申し上げます。

慶應義塾大学の（故）中村孚美先生には、通信教育課程の学生である私に、対面指導以外の電話でのご指導を頂いたこともあります。先生のご指導を通して、研究への関心と興味、研究活動を続ける土台を築けたと思っています。早世された先生を懐かしく思い出すとともに、心から感謝の意を表したいと思います。

地元の研究会に導いてくださった下野敏見先生、鹿児島民俗学会代表世話人の所崎平先生にも感謝を申し上げます。

特に、本書の上梓に際しては、大阪大学の池田光穂先生に大変お世話になりました。池田光穂先生は放送大学大学院修士論文の指導教官を担当してくださった恩師です。研究指導を通して多くの学び、刺激を受け、研究を継続する原動力を頂きました。この数年、取り組んできた悪石島の研究を纏めたい旨を池田光穂先生にご相談しました。池田光穂先生のご協力なしには本書を上梓することはできなかったと思います。心から感謝を申し上げます。

お世話になりました多くの皆様方に感謝を申し上げるとともに、この本は悪石島で暮らし、生きた、悪石島の先人達に捧げたいと思います。また、拙稿が七島研究の一助になれば幸いに思います。

■注

第一部　悪石島の概観

1　小園公雄一九九五「第三章　中世のトカラ」『十島村誌』十島村
2　紙屋敦之二〇一三『東アジアのなかの琉球と薩摩藩』校倉書房
徳永和喜二〇一一『海洋国家薩摩』南方新社
3　十島村教育委員会一九八〇『十島村文化財調査報告書（第二集）』
鹿児島県立図書館蔵『後編薩摩藩旧記雑記録　巻八四』
4　横山重編纂一九七二『琉球史料叢書　第一巻』東京美術、一七九
5　鹿児島県歴史資料センター黎明館編集二〇一七「島津家歴代制度巻之参拾壱」『鹿児島県史料薩摩藩法令史料集二』六一一－六一二
6　早川孝太郎一九七六「悪石島見聞記」『早川孝太郎全集　第九巻』未来社、二四〇
7　白野夏雲一八八四『七島問答』鹿児島県立図書館蔵
8　赤堀廉蔵一八八五「島嶼見聞録」鹿児島県立図書館蔵
9　笹森儀助一八九五「拾島状況録」『日本庶民生活資料集成　第一巻』一九七三、三一書房
10　早川孝太郎一九七六「悪石島見聞記」『早川孝太郎全集　第九巻』未来社、二九四
11　早川孝太郎一九七六「悪石島見聞記」『早川孝太郎全集　第九巻』未来社、二六〇
12　早川孝太郎一九七六「悪石島見聞記」『早川孝太郎全集　第九巻』未来社、二八二
13　十島村誌編集委員会一九九五「第二章 第一節人口」『十島村誌』十島村

14　赤堀廉蔵一八八五「川邊郡口之島」『島嶼見聞録』鹿児島県立図書館蔵、六六
15　笹森儀助一八九五「拾島状況録」『日本庶民生活資料集成　第一巻』一九七三、三一書房
16　下野敏見一九七〇「吐か喇列島の屋内神の種類」『南島民俗』一五号、三
17　鹿児島県立図書館所蔵『神社誌上・下巻』
18　早川孝太郎一九七六「悪石島見聞記」『早川孝太郎集　第九巻』未来社、二六九
19　柳田國男一九七六「巫女考」『定本柳田國男集　第九巻』第一三刷　筑摩書房
20　赤堀廉蔵一八八五「川邊郡口之島」『島嶼見聞録』鹿児島県立図書館蔵、六六
21　桜田勝徳一九六六「鹿児島県大島郡宝島」『離島生活の研究』集英社、九四二
22　下野敏見一九八九「トカラ列島ネーシのイニシエーションと機能」『巫女の世界』日本民俗文化資料集成六、三一書房、三九七
23　笹森儀助一八九五『拾島状況録』『日本庶民生活資料集成　第一巻』
24　桜田勝徳一九六六「鹿児島県大島郡宝島」『離島生活の研究』集英社、九一九
25　伊藤幹治一九八八「第一章宝島の社会と祭祀の構造的連関」『宗教と社会構造』弘文堂、五三
26　母子愛育会編一九七五「胞衣」『日本産育習俗資料集成』第一法規
27　下野敏見一九九四「悪石島の民俗」『トカラ列島民俗誌』第一書房
28　下野敏見一九七〇「吐か喇列島の屋内神の種類」『南島民俗』一五号、一－七
29　佐々木宏幹一九九五『シャーマニズムの世界』第三刷　講談社、二四一

30　大橋英寿一九八〇「沖縄におけるShaman〈ユタ〉の成巫過程―社会心理学的接近」『東北大学文学部研究年報　第三〇号』二八〇－二三一
31　赤堀簾蔵一八八五『島嶼見聞録』鹿児島県立図書館所蔵、一〇五
32　下野敏見一九七〇「吐か喇列島の屋内神の種類」『南島民俗』一五号、一－七　二－三
33　三国名勝図絵巻之二十八　一九八二、青潮社、九四六・九四七
34　笹森儀助一八九五「悪石島記」『拾島状況録』『日本庶民生活史料集成　第一巻』二七二
35　下野敏見一九九四「悪石島の民俗」『トカラ列島民俗誌』第一書房、七九－八二
36　宮城栄昌一九七三「おなり神」『沖縄女性史』第四版、沖縄タイムス社、一三－一四
37　仲原善忠、外間守善一九七二、四版『おもろさうし辞典・索引』角川書店
38　伊波普猷一九一九『沖縄女性史』小澤書店、五〇－五三
39　下野敏見一九七〇「吐か喇列島の屋内神の種類」『南島民俗』一五号、一－七
40　白野夏雲一八八四「悪石島記」『七島問答』鹿児島県立図書館蔵、八一
41　赤堀簾蔵一八八五『島嶼見聞録』鹿児島県立図書館所蔵、一一〇
42　笹森儀助一八九五「悪石島記」『拾島状況録』『日本庶民生活史料集成　第一巻』二七二
43　下野敏見一九九四『南日本の民俗文化写真集　三　トカラ列島』南方新社、一二九
44　渡邊欣雄他二〇〇八『沖縄民俗辞典』吉川弘文館
45　祭祀次第の日程には親日祭りと漢字表記しているが祝詞は火の神祭りと書いてある。「ひ」は「日」ではなく「火」が正しいと考える。
46　伊藤幹治一九八八「第一章宝島の社会と祭祀の構造的連関」『宗教と社会構造』弘文堂、四六
47　下野敏見一九九四『トカラ列島民俗誌』第一書房

48　仲松弥秀一九七九『古層の村』沖縄タイムス社、五〇‐七三
49　笹森儀助一八九五「中之島記」『拾島状況録』『日本庶民生活史料集成　第一巻』二〇〇
50　一九八一「李朝実録抄（琉球関係資料）」『日本庶民生活史料集成　第二七巻』三一書房、五七二‐五七三
51　横山重編纂一九七二『琉球史料叢書』第一巻東京美術、一七九
52　鹿児島県歴史資料センター黎明館編集二〇一七「島津家歴代制度巻之参拾壱」『鹿児島県史料薩摩藩法令史料集二』六一一‐六一二
53　紙屋敦之二〇一三「第三節　海禁と七島衆」『東アジアの中の琉球と薩摩藩』校倉書房
54　下野敏見二〇〇五『奄美・吐噶喇の伝統文化　祭りとノロ、生活』南方新社、四三八
55　下野敏見一九九四「悪石島の民俗」『トカラ列島民俗誌』第一書房、九九ページに書状の写し掲載
56　神籤とも言う。家長の名を記載した籤を戸数分作り高膳に載せる。神役七人が拝んでからホンボーイが御幣で静かに回し祓う。すると一枚の籤が上がってくる。その籤が神から選ばれた者として指名される。御籤がなかなか上がってこない時は、ダイクジ（大工司）が替わる。
57　下野敏見一九八九「トカラ列島ネーシのイニシエーションと機能」『巫女の世界』谷川健一責任編集『日本民俗文化資料集成　六』三一書房、四〇一
58　桜田勝徳一九六六「鹿児島県大島郡十島村宝島」『離島生活の研究』集英社、九四〇‐九四一
59　桜田勝徳一九六六「鹿児島県大島郡十島村宝島」『離島生活の研究』集英社
60　伊藤幹治一九八八「第一章宝島の社会と祭祀の構造的連関」『宗教と社会構造』弘文堂
61　下野敏見一九八一「祭りと行事」『南西諸島の民俗　Ⅱ』法政大学出版局
下野敏見一九八九「トカラ列島ネーシのイニシエーションと機能」『巫女の世界』谷川健一責任編集『日本民俗文化資料集成　六』三一書房

62　シタミは竹籠の古語か。広辞苑に「籭①底は方形、上は円い大型の笊、②目のない籠」とある。テゴは薩摩方言で竹籠のこと。
63　柳田國男一九七六「先祖の話」『定本 柳田國男集 第十巻』第十四刷、筑摩書房、八八
64　鹿児島県歴史資料センター黎明館編集二〇一七「島津家歴代制度巻之参拾壱」『鹿児島県史料薩摩藩法令史料集二』六一一―六一二
65　徳永和喜二〇一一「第一節 琉球支配と七島衆」『海洋国家薩摩』南方新社、六二
66　下野敏見二〇〇九「口の島の年中行事と神祭り」『南日本の民俗文化誌　三　トカラ列島』南方新社、一九一
67　坪井洋文一九八〇「餅なし正月の背景」『イモと日本人』未来社、第三刷
佐々木高明一九七五『稲作以前』日本放送出版協会第九刷
佐々木高明二〇〇九『日本文化の多様性』小学館
68　山形健介二〇一四『タブノキ』法政大学出版局
69　川野和明二〇〇八「タブノミハ ムギヲ イッピュ クイダスータブノキと人との交渉をめぐって」『黎明館調査研究報告第二一集』鹿児島県歴史資料センター黎明館、一一三―一二〇
70　蒲池勢至「盆行事の諸相」『お盆のはなし』二〇一二、法藏館、六八―六九
71　下野敏見「原始のカミの出現」『カミとシャーマンと芸能』一九八八、二版、八重岳書房、二〇
72　後藤啓子「年中行事（夏）」『佐多町の民俗』一九九五、佐多町教育委員会、二九五―三〇七
73　蒲池勢至「盆行事の諸相」『お盆のはなし』二〇一二、法藏館

74 蒲池勢至「盆行事の諸相」『お盆のはなし』二〇一二、法藏館、八〇‐八一
75 折口信夫一九九五「盆踊りの話」『折口信夫全集』二、中央公論社、二五〇
76 千家尊統二〇一二「出雲大社のまつり」『出雲大社』学生社、一一三
77 朝山晧二〇〇〇「神在祭概説」『出雲の神信仰と祭り』島根県古代文化センター、二九一
78 柳田國男一九七六「物忌と精進」『定本柳田國男集　第十巻』第十四刷、筑摩書房、二二二
79 下野敏見一九八一「トカラ列島の仮面神ボゼについて」『南西諸島の民俗　Ⅱ』法政大学出版局
下野敏見一九九四「平島の民俗」『トカラ列島民俗誌』第一書房
下野敏見一九八八「ボジェの出現」『カミとシャーマンと芸能』二版、八重岳書房、二一一‐二一三
80 朝山晧二〇〇〇「神在祭について」『出雲の神信仰と祭り』島根県古代文化センター、三〇三
81 村田　熙一九九六『南九州の庶民生活』第一書房、一四九
82 早川孝太郎一九七六『早川孝太郎全集　第九巻』未来社、二三二
83 下野敏見二〇〇九『南日本の民俗文化誌　三　トカラ列島』南方新社、一〇三
84 下野敏見二〇〇九『南日本の民俗文化誌　三　トカラ列島』南方新社、一〇二
85 小野重朗一九九六『南日本の民俗文化　Ⅸ　農耕儀礼の研究』第一書房、二八‐二九
86 小野重朗一九九六『南日本の民俗文化　Ⅸ　農耕儀礼の研究』第一書房、三三‐三五
87 村田　熙一九九四『南九州民俗誌』第一書房、一五二
小野重朗一九九六『南日本の民俗文化　Ⅸ　農耕儀礼の研究』第一書房、三三
88 渡山恵子二〇一七「悪石島で行われていた古代漁法―しら綱曳き」『鹿児島民俗』一五二号、鹿児島民俗学会、一二一‐一五

■参考文献

赤堀廉蔵一八八五『島嶼見聞録』鹿児島県立図書館所蔵
朝山晧二〇〇〇『出雲の神信仰と祭り』島根県古代文化センター
伊藤幹治一九八八「第一章宝島の社会と祭祀の構造的連関」「第二章中之島の祭祀とその社会的背景」『宗教と社会構造』弘文堂
伊波普猷一九一九『沖縄女性史』小澤書店
大橋英寿一九八〇「沖縄におけるShaman〈ユタ〉の成巫過程—社会心理学的接近」『東北大学文学部研究年報　第三〇号』二八〇-二三一
小野重朗一九九六『南日本の民俗文化　Ⅸ　農耕儀礼の研究』第一書房
折口信夫一九九五『折口信夫全集』二、中央公論社
鹿児島県歴史資料センター黎明館編集二〇一七「島津家歴代制度　巻之参拾壱」『鹿児島県薩摩藩法令史料集　二』
鹿児島県立図書館蔵『後編薩摩藩旧記雑記録　巻八四』
鹿児島県立図書館所蔵『神社誌上・下巻』
鹿児島県歴史資料センター黎明館企画展一九九二「南九州の仮面」
鹿児島県歴史資料センター黎明館企画展一九九五「鹿児島・竹の世界—環シナ海文化の視座から」
鹿児島県歴史資料センター黎明館企画展二〇〇七「樹と竹—列島の文化・北から南から」
鹿児島県教育庁文化課編『鹿児島県の祭り・行事』二〇一八、鹿児島県教育委員会
紙屋敦之二〇一三『東アジアのなかの琉球と薩摩藩』校倉書房
川崎史人一九八七「シャーマンと神・祖霊—トカラ列島のネーシの場合」『民俗宗教　一』創樹社、一二七-一五一

川崎史人二〇〇八「現代を生きるネーシー―島と都会の狭間で」『国立歴史民俗博物館研究報告』第一四二集、四一三‐四四一
川崎史人二〇一二「混沌と秩序の神語り―トカラ列島悪石島のヒチゲー伝承」『琉球弧』国立歴史民俗博物館・松尾恒一編、岩田書院、一六九‐一九六
川野和明二〇〇八「タブノミハ ムギヲ イッピュ クイダス―タブノキと人との交渉をめぐって」『黎明館調査研究報告 第二一集』鹿児島県歴史資料センター黎明館、一一三‐一二〇
蒲池勢至二〇一二『お盆のはなし』法藏館
Kreiner Josef 一九六五・一二「トカラ・悪石島の仮面行事」『民族学研究』第三〇巻第三号、二五五‐二五六
後藤啓子「年中行事（夏）」『佐多町の民俗』一九九五、下野敏見編集佐多町教育委員会発行、二九五‐三〇七
桜井徳太郎一九七三『沖縄のシャマニズム』弘文堂
桜井徳太郎一九七九『日本のシャマニズム』上巻、吉川弘文館
桜井徳太郎一九八二「南日本シャーマニズムの諸問題」鹿児島県での講演収録
桜田勝徳一九六六「鹿児島県大島郡十島村宝島」『離島生活の研究』編者日本民俗学会、集英社、九〇九‐九五三
佐々木宏幹一九九五『シャーマニズムの世界』第三刷、講談社
佐々木高明一九七五『稲作以前』日本放送出版協会、第九刷
佐々木高明二〇〇九『日本文化の多様性』小学館
笹森儀助一八九五「拾島状況録」『日本庶民生活資料集成 第一巻』一九七三、三一書房
『三国名勝図絵 巻之二十八』一九八二、青潮社
白野夏雲一八八四『七島問答』鹿児島県立図書館蔵
下野敏見一九七〇「吐か喇列島の屋内神の種類」『南島民俗』一五号、一‐七
下野敏見一九八一『南西諸島の民俗 Ⅱ』法政大学出版局

下野敏見一九八九「トカラ列島ネーシのイニシエーションと機能」『巫女の世界』『日本民俗文化資料集成　六』三一書房、三九三－四一二
下野敏見一九八八『南九州の民俗を探る カミとシャーマンと芸能』八重岳書房、第二版
下野敏見一九九九『民俗学から原日本を見る』吉川弘文館
下野敏見二〇〇五『奄美・吐か（口葛）喇の伝統文化―祭りとノロ、生活』南方新社
下野敏見一九九四『トカラ列島民俗誌』第一書房
下野敏見二〇〇九『南日本の民俗文化誌　三 トカラ列島』南方新社
下野敏見二〇一〇『南日本の民俗文化写真集　三 トカラ列島』南方新社
下野敏見二〇一一『南日本の民俗文化誌　九 南九州の民俗文化誌』南方新社
下野敏見編集 各市町村教育委員会発行『佐多町の民俗』、『大崎町の民俗』、『知覧町の民俗』、『知覧町農漁村の民俗と技術伝承』、『西之表市の民俗・民具』、『南種子町の民俗』、『川辺町の民俗』、『加世田市の民俗』、『平房川流域の民俗誌』
住谷一彦、クライナー・ヨーゼフ一九九九『南西諸島の神観念』復刊、未来社
千家尊統二〇一二『出雲大社』学生社
高橋史弥二〇一八「福井県下のアマメンとアッポッシャについて」『日本民俗学』№二九五、一般社団法人日本民俗学会、七一－八二
坪井洋文一九八〇『イモと日本人』未来社、第三刷
徳永和喜二〇一一『海洋国家薩摩』南方新社
十島村誌編集委員会一九九五『十島村誌』十島村
十島村教育委員会一九八〇『十島村文化財調査報告書（第二集）』
鳥越皓之一九八二『トカラ列島社会の研究』御茶の水書房

仲原善忠、外間守善一九七二、四版『おもろさうし辞典・索引』角川書店
仲松弥秀一九七九『古層の村』沖縄タイムス社
早川孝太郎一九七六『早川孝太郎全集　第九巻』未来社
文化庁文化財部七監修二〇一七『月刊文化財』三月号、第一法規株式会社
文化庁ＨＰ国指定重要無形民俗文化財である来訪神行事」二〇一七
母子愛育会編一九七五『日本産育習俗資料集成』第一法規
箕輪優二〇一八『近世奄美流人の研究』南方新社
宮城栄昌一九七三『沖縄女性史』第四版、沖縄タイムス社
村田 熙一九九六『南九州の庶民生活』第一書房
村田 熙一九九四『南九州民俗誌』第一書房
安田宗生一九七一「悪石島の盆行事とボゼ祭り」『民俗学評論』第六号、大塚民俗学会、五一三 - 五一七
安田宗生一九八九「トカラ・悪石島のネーシに関する覚え書き」『巫女の世界』『日本民俗文化資料集成　六』三一書房
安田宗生一九七五「悪石島の農耕と年中儀礼」『えとのす』四、五二 - 五九
柳田國男一九七六『定本柳田國男集　第九巻』第十三刷、筑摩書房
柳田國男一九七六『定本柳田國男集　第十巻』第十四刷、筑摩書房
柳田國男一九七六『定本柳田國男集　第十三巻』第十二刷、筑摩書房
山形健介二〇一四『タブノキ』法政大学出版局
山下欣一一九七七『奄美のシャマニズム』弘文堂
横山重編纂一九七二『琉球史料叢書』第一巻、東京美術
一九八一「李朝実録抄（琉球関係資料）」『日本庶民生活史料集成　第二七巻』三一書房

渡邊欣雄他二〇〇八『沖縄民俗辞典』吉川弘文館
渡山恵子一九九五「ネーシの祓から近代医療の受容過程について—悪石島における聞き取り調査」『隼人文化　二七・二八合併号』隼人文化研究会、一-一四
渡山恵子二〇〇二「ネーシ（内侍）の継承と成巫過程—悪石島の場合」『鹿児島民俗』一二一号、一八-二三
渡山恵子二〇〇八「悪石島のボゼに関する考察」『鹿児島民俗』一三三号、八-一四
渡山恵子二〇一四「民俗行事と物語性　トカラ列島の七島正月—悪石島のコマ正月を中心に」『鹿児島民俗』一四六号、鹿児島民俗学会、二-一三
渡山恵子二〇一五「民俗行事と物語性　トカラ列島のヒチゲー（日違い・日違え）—悪石島を中心に」『鹿児島民俗』一四七号、一四-三〇
渡山恵子二〇一五「悪石島の神々と聖地」『鹿児島民俗』一四八号、鹿児島民俗学会、二一-二八
渡山恵子二〇一六「年中行事を担う悪石島の祭祀組織」『鹿児島民俗』一五〇号、鹿児島民俗学会、一三-二〇
渡山恵子二〇一七「悪石島で行われていた古代漁法—しら綱曳き」『鹿児島民俗』一五二号、鹿児島民俗学会、一二-一五
渡山恵子二〇一八「悪石島の正月行事「初山とトシダマ祭り」—伝承過程の変遷を考える—」『鹿児島民俗』一五三号、鹿児島民俗学会、二一-八
渡山恵子二〇一八「悪石島のボゼに関する考察（二）—盆の観念とボゼ—」『鹿児島民俗』一五四号、一一-二四
渡山恵子二〇一九「藩政時代の仏教文化の痕跡—悪石島の事例」『鹿児島民具』第三一号、鹿児島民具学会、一二六-一三五
渡山恵子二〇二〇「古代漁法—しらつな（白綱）」『鹿児島民俗』一五七号二三-二五

■著者プロフィール

渡山恵子（わたりやま・けいこ）

1953年、鹿児島県悪石島生まれ。
鹿児島県立病院在職中に慶応義塾大学文学部卒業（通信教育課程）、放送大学大学院修士課程修了。
論文:「地域に伝わる麻疹の看病―伝承とその由来について―」(看護学雑誌第61巻第11号1997年)、「無医離島のヘルスケアシステム―鹿児島県三島村の事例―」（熊本文化人類学第4号2005年)、「白川のショケツクイドン」（鹿児島民具第22号2010年)、他。
所属学会：日本民俗学会、鹿児島民俗学会、鹿児島民具学会、隼人文化研究会。

悪石島民俗誌―村落祭祀の世界観

二〇二一年三月二十日　第一刷発行

著　者　渡山恵子
発行者　向原祥隆
発行所　株式会社 南方新社
〒八九二―〇八七三
鹿児島市下田町二九二―一
電話 〇九九―二四八―五四五五
振替口座 〇二〇七〇―三―二七九二九
URL http://www.nanpou.com/
e-mail info@nanpou.com

印刷・製本　モリモト印刷株式会社
定価はカバーに表示しています
乱丁・落丁はお取り替えします
ISBN978-4-86124-444-5 C0039